GÉNERO, SEXUALID[illegible] DERECHOS REPRODUCTIVOS EN LA ADOLESCENCIA

TRAMAS SOCIALES

Directora de colección
Irene Gojman

1. Cecilia Moise
   Prevención y psicoanálisis
2. G. Cardarelli y M. Rosenfeld
   Las participaciones de la pobreza
3. Hugo A. Míguez
   Uso de sustancias psicoactivas
4. Francisco Morales Calatayud
   Introducción a la psicología de la salud
5. Enrique Saforcada
   La psicología sanitaria en las nuevas perspectivas de la salud pública
6. Susana Huberman
   Cómo se forman los capacitadores
7. Silvia Schlemenson (comp.)
   Leer y escribir en contextos sociales complejos
8. O. Nirenberg, J. Brawerman y V. Ruiz
   Evaluar para la transformación
9. Silvia Duschatzky (comp.)
   Tutelados y asistidos
10. Inés Cortazzo y Cecilia Moise (comps.)
    Estado, salud y desocupación
11. Ruth Teubal y cols.
    Violencia familiar, trabajo social e instituciones
12. Natalio Kisnerman (comp.)
    Ética, ¿un discurso o una práctica social?
13. Aldo Melillo y Elbio Suárez Ojeda
    Resiliencia
14. Alfredo J. Carballeda
    La intervención en lo social
15. Silvia Duschatzky y Cristina Corea
    Chicos en banda
16. Leonardo Schvarstein
    La inteligencia social de las organizaciones
17. Lelio Mármora
    Las políticas de migraciones internacionales
18. Maritza Montero
    Teoría y práctica de la psicología comunitaria
19. O. Nirenberg, J. Brawerman y V. Ruiz
    Programación y evaluación de proyectos sociales
20. Susana Checa (comp.)
    Género, sexualidad y derechos reproductivos en la adolescencia

GÉNERO, SEXUALIDAD Y DERECHOS REPRODUCTIVOS EN LA ADOLESCENCIA

SUSANA CHECA (compiladora)

Cristina Erbaro
Eleonor Faur
Liliana Findling
Rosa N. Geldstein
María Alicia Gutiérrez
Elsa López
Edith A. Pantelides
Elsa L. Schvartzman
Nina Zamberlin

PAIDÓS
Buenos Aires
Barcelona
México

306.7 GEN Género, sexualidad y derechos reproductivos en la adolescencia / María C. Erbaro...[et al.]; compilado por Susana Checa. – 1ª. ed.– Buenos Aires: Paidós, 2003.
232 p. ; 21x13 cm.- (Tramas sociales)

ISBN 950-12-9083-2

I. Erbaro, María C. II. Checa, Susana, comp. - 1. Sexualidad-Adolescentes

Cubierta de Gustavo Macri

Foto de cubierta: Gentileza del Servicio de Adolescencia del Hospital Doctor Cosme Argerich y su equipo.

1ª edición, 2003

Ediciones Paidós Ibérica SA
Mariano Cubí 92, Barcelona
Editorial Paidós Mexicana SA
Rubén Darío 118, México D.F.

Queda hecho el depósito que previene la Ley 11.723
Impreso en la Argentina - Printed in Argentina

Impreso en Gráfica MPS
Santiago del Estero 338, Lanús, Buenos Aires,
en julio de 2003

Tirada: 1.500 ejemplares

ISBN 950-12-9083-2

ÍNDICE

LAS AUTORAS

Susana Checa

Socióloga (Universidad de Buenos Aires –UBA–). Docente e investigadora de la UBA en varios proyectos sobre salud y derechos sexuales y reproductivos apoyados por UBACyT. Ha publicado diversos artículos y libros en el país y en el exterior. Es consultora en organismos estatales y de cooperación internacional en la Argentina y Perú. Es miembro del Foro por los Derechos Reproductivos. Actualmente dirige la investigación "Seguimiento y monitoreo de la calidad de atención de las complicaciones por aborto en hospitales públicos de la Ciudad de Buenos Aires" en la carrera de Sociología, Facultad de Ciencias Sociales de la UBA.

Cristina Erbaro

Socióloga (UBA). Ha cursado estudios de posgrado sobre Problemáticas Sociales Infanto-juveniles en el Centro de Estudios Avanzados (CEA) de la UBA. Actualmente se desempeña como investigadora y ayudante en el seminario de investigación UBACyT: "Seguimiento y monitoreo de la calidad de atención de las complicaciones por aborto en hospitales públicos de la Ciudad de Buenos Aires" de la carrera de Sociología, Facultad de Ciencias Sociales de la UBA.

Eleonor Faur

Socióloga (UBA). Especialista en Género y Desarrollo por el Royal Tropical Institute de Amsterdam. Ha realizado investigaciones sobre masculinidades y relaciones de género y sobre derechos humanos, género y ciclo de vida. Es autora y compiladora de diversos artículos y publicaciones en Colombia y en la Argentina. Actualmente coordina el Área de Mujer y Equidad de Género de UNICEF en la Argentina y es docente del Programa de Democratización de Relaciones Sociales de la Universidad Nacional de General San Martín.

Liliana Findling

Socióloga (UBA). Especialista en Planificación de Sistemas de Salud (Río de Janeiro, Brasil). Es profesora regular de la carrera de Ciencia Política de la Facultad de Ciencias Sociales de la UBA e investigadora del Instituto Gino Germani de la Facultad de Ciencias Sociales de la UBA a cargo de proyectos sobre políticas de salud. Integra el equipo de investigación de la maestría en Salud Pública (UBA).

Rosa N. Geldstein

Socióloga (UBA). Magíster en Estudios Sociales de la Población (FLACSO/CELADE-ONU). Investigadora independiente del Consejo de Investigaciones Científicas y Técnicas (CONICET) en el Centro de Estudios de Población (CENEP) y consultora de organismos internacionales, gubernamentales y no gubernamentales. Actualmente dirige investigaciones sobre salud reproductiva; familia, trabajo y género, y población y desarrollo. Integra el Consejo Editorial de la revista *Reproductive Health Matters* y trabaja en la formación de investigadores como docente de posgrado, directora de tesistas y supervisora de investigación.

María Alicia Gutiérrez

Socióloga (UBA). Máster en Estudios Europeos en la Bradford University, Inglaterra. Es integrante del Foro por los Derechos Reproductivos. Actualmente coordina el Grupo de Género del Consejo Latinoamericano de Ciencias Sociales (CLACSO). Es docente e investigadora en el seminario de investigación "Seguimiento y monitoreo de la calidad de atención de las complicaciones por aborto en hospitales públicos de la Ciudad de Buenos Aires" de la carrera de Sociología, Facultad de Ciencias Sociales de la UBA. Investigadora visitante del CEDES.

Elsa López

Socióloga (UBA). Magíster en Demografía por El Colegio de México y magíster en Geografía Humana por la Universitat Autònoma de Barcelona, España. Es profesora regular de la carrera de Sociología de la Facultad de Ciencias Sociales de la UBA, de la maestría en Demografía Social en la Universidad Nacional de Luján y de la maestría en Salud Pública de la UBA. Es investigadora del Instituto Gino Germani de la Facultad de Ciencias Sociales (UBA) a cargo de proyectos sobre formación de familia y salud reproductiva.

Edith A. Pantelides

Socióloga (UBA) y Ph. D. en Sociología por la Texas University en Austin, Estados Unidos. Ha completado los posgrados en Demografía del Centro Latinoamericano de Demografía y de la Princeton University. Fue presidenta de la Asociación de Estudios de Población de la Argentina. Ha sido consultora de la Organización Panamericana de la Salud y de la Organización Mundial de la Salud. Actualmente se desarrolla como investigadora independiente del CONICET e investigadora titular del Centro de Estudios de Población.

Elsa L. Schvartzman

Socióloga (UBA). Se desempeña actualmente como investigadora y ayudante en el seminario de investigación UBACyT: "Seguimiento y monitoreo de la calidad de atención de las complicaciones por aborto en hospitales públicos de la ciudad de Buenos Aires" de la carrera de Sociología, Facultad de Ciencias Sociales de la UBA.

Nina Zamberlin

Bachelor of Arts en Estudios Internacionales y Sociología (honor magna cum laude) en la Hamline University, St. Paul, Minnesota, Estados Unidos. Realizó la tesis de grado "Comportamiento contraceptivo en sectores rurales y urbanos marginales del Ecuador" en el Programa Minnesota Studies in International Development de la Universidad de Minnesota. Actualmente forma parte del equipo de investigadores del Área Salud, Economía y Sociedad del CEDES. Se desempeña como investigadora y docente del seminario de investigación "Seguimiento y monitoreo de la calidad de atención de las complicaciones por aborto en hospitales públicos de la Ciudad de Buenos Aires" de la carrera de Ciencias Sociales de la UBA.

PRÓLOGO

Los artículos reunidos en este libro analizan, desde distintos abordajes, la problemática de la sexualidad adolescente, considerándola una construcción social, cultural y simbólica, que desempeña un papel clave en las maneras de *ser varón* y *ser mujer* en cada espacio sociocultural.

Los dos primeros trabajos centran su reflexión en el tema de los derechos y la ciudadanía de los adolescentes,* revisando los trabajos en el tema y las herramientas que posibilitan su apropiación y difusión.

Eleonor Faur, en "¿Escrito en el cuerpo? Género y derechos humanos en la adolescencia", reflexiona sobre el lugar que ocupa el cuerpo en la construcción de las desigualdades de género que se constituyen desde la adolescencia; considera, a la vez, la cuestión de los derechos

* Lamentablemente, en la lengua española la única forma que existe para hacer referencia a un sujeto genérico –sea femenino o masculino– tiene lugar bajo la forma del género masculino. Dado que la constante explicitación de ambos géneros a lo largo del texto (el/la adolescente, los/las adolescentes) resulta fatigosa para la lectura y quita fluidez al texto, hemos optado por la forma canónica masculina ("el" adolescente, "los" adolescentes, entendiendo por ello tanto a sujetos de sexo femenino como masculino), no sin advertir la dosis de arbitrariedad y espíritu patriarcal que impera en la lengua.

humanos de los adolescentes en el abordaje y la superación de las jerarquías de género en esta etapa.

María Alicia Gutiérrez, en su trabajo "Derechos sexuales y reproductivos de los adolescentes: una cuestión de ciudadanía", cuestiona el paradigma clásico que considera la adolescencia como un período transicional que implica el tránsito a otro estadio más definitivo, y así reflexiona sobre el modo como esta conceptualización obstaculiza que los adolescentes sean tratados como sujetos de derecho en términos generales, y de salud en particular, lo cual se refleja en la escasa atención otorgada a los adolescentes, en los distintos ámbitos públicos, como ciudadanos portadores de derechos humanos generales y específicos.

Tres de los artículos que componen este libro centran su foco en la relación entre la salud sexual y reproductiva de los adolescentes y la atención que se les brinda en los servicios de salud, a partir de investigaciones realizadas sobre esta población.

Rosa Geldstein y Edith A. Pantelides, investigadoras del Centro de Estudios de Población (CENEP), indagan a partir de una aguda conceptualización, el complejo tema de la coerción en el inicio de las prácticas sexuales en una muestra de adolescentes mujeres estudiadas en el ámbito de un hospital público de la Ciudad de Buenos Aires.

Por su parte, Elsa López y Liliana Findling analizan los comportamientos preventivos y la anticoncepción en los servicios del Programa de Procreación Responsable de la Ciudad de Buenos Aires. Para esto estudian tanto los servicios como las prácticas reproductivas y preventivas de mujeres adolescentes y jóvenes que allí se atienden.

El artículo "Cuerpo y sexualidad en la adolescencia", del equipo de investigación dirigido por Susana Checa e integrado por Cristina Erbaro y Elsa Schvartzman, con la colaboración de Nina Zamberlin, analiza la relación entre género, cuerpo y sexualidad en mujeres que concurren a servicios de adolescencia de hospitales públicos de la ciudad de Buenos Aires.

El artículo de Nina Zamberlin, "Reflexiones sobre la doble protección en varones adolescentes de sectores populares", constituye un aporte sustantivo en el tema de salud sexual y reproductiva en la adolescencia. Zamberlin trabaja la cuestión poco explorada de las actitudes y prácticas de varones adolescentes de sectores populares respecto del uso de preservativos como método de doble protección.

Espero que estas conceptualizaciones y hallazgos de investigaciones sobre la problemática de la sexualidad adolescente contribuyan a la reflexión acerca del lugar que ocupan en la sociedad los adolescentes, al respeto por sus necesidades, sus ideales, sus proyectos de vida y sus derechos como ciudadanos, y que ello se refleje en políticas estatales activas que los incluyan en sus agendas públicas de manera prioritaria.

Estos trabajos, producto en su mayoría de estudios empíricos, intentan brindar un aporte sobre este sujeto social relativamente postergado en sus necesidades y demandas, en particular en el campo de la salud y los derechos sexuales y reproductivos. En su conjunto, se proponen una reflexión sobre el ejercicio de una sexualidad autónoma y elegida en libertad en el marco del respeto de los derechos de los adolescentes.

Agradezco a las autoras y a los equipos de investigación que colaboraron en estos trabajos, y especialmente a Natalia Monayer quien, con infinita paciencia, revisó, ordenó, corrigió y editó esta compilación.

Susana Checa

INTRODUCCIÓN

Aproximaciones a la problemática de la sexualidad adolescente

Susana Checa

La sexualidad en la adolescencia no requiere de más obstáculos socioculturales, de más restricciones, condenaciones, sanciones y estigmatizaciones, que ya sobran, sino de respuestas positivas; de comprensión, de respeto, de educación e información, adecuadas y no impuestas.

María E. Ladi Londoño (1994: 240)

La adolescencia es una etapa del ciclo vital de las personas caracterizada por complejos y multifacéticos aspectos en que la sexualidad se constituye como uno de los principales ejes conformadores de la identidad.

La sexualidad adolescente está fuertemente influenciada tanto por los cambios corporales propios de esta etapa, producto de modificaciones hormonales, como por los mandatos sociales y culturales que inciden en la construcción de la identidad de varones y mujeres, según la correspondencia de género y edad.

Durante este período de la vida, el cuerpo ocupa un lugar de capital importancia debido a los cambios físicos sustantivos que ocurren y que repercuten a lo largo de todo el proceso de crecimiento. Tales cambios tienen su correlato en la subjetividad adolescente y se expresan en distintos niveles, a veces contradictorios: la necesidad de autonomía pero, a la vez, dependencia de los padres; la búsqueda de identidad y las características manifestaciones de rebeldía y omnipotencia. Estos cambios requieren ser procesados para lograr la apropiación del cuerpo y la práctica de la sexualidad de manera saludable y placentera.

En la infancia y, con mayor fuerza, durante la adolescencia, si bien este proceso se prolonga con características peculiares en la etapa adulta, la sexualidad encuentra su soporte en el imaginario social y cultural que sostiene que la diferencia sexual biológica justifica las diferencias de los comportamientos y las expectativas para cada sexo. Según Pierre Bourdieu, la división sexual está naturalizada, incorporada en los cuerpos y en los hábitos que "funcionan como sistemas de esquemas de percepciones, tanto de pensamiento como de acción" (Bourdieu, 2000: 22).

Michel Foucault, en su análisis sobre el desarrollo histórico de la sexualidad, atribuye a la burguesía la legitimación y el encierro de la sexualidad en el ámbito privilegiado de la función procreadora. En palabras de Foucault:

> En torno al sexo, silencio. Dicta la ley la pareja legítima y procreadora [...] Tanto en el espacio social como en el corazón de cada hogar existe un único lugar de sexualidad reconocida, utilitaria y fecunda: la alcoba de los padres. El resto no tiene más que esfumarse; la conveniencia de las actitudes esquiva los cuerpos, la decencia de las palabras blanquea los discursos (Foucault, 1995: 9).

Algunos estudiosos del tema, como Aberastury y Knobel (1999), Fernández (1993), Efrón (1996) y Dolto (1996), identifican la adolescencia como un período en el cual la sexualidad se potencia adquiriendo ribetes particulares a partir de nuevas sensaciones sexuales y de una fuerte erotización que encuentra formas de canalización en las relaciones sexuales o en la masturbación. Sin embargo, la sexualidad adolescente deberá ser abordada no sólo en su restringida expresión biológica sino, fundamentalmente, en tanto construcción social y colectiva regida por pautas históricas y culturales, propias de cada sociedad.

La literatura sobre adolescencia proviene, básicamente, de la psicología y del psicoanálisis. Por ejemplo, algunas corrientes de estas disciplinas desarrollan consideraciones sobre el trauma que produce el pasaje de la infancia a la etapa adulta. Algunos autores metaforizan este período como una etapa de duelo por la pérdida del rol infantil y de los padres de la infancia (Aberastury y Knobel, 1999).

Para Rubén Efrón (1996), la adolescencia lleva consigo la idea de continuidad entre la infancia y la edad adulta; por su parte, y para la psicoanalista Françoise Dolto (1996), la adolescencia es una etapa de mutación, cuyo comienzo está marcado por la nueva orientación que el púber da a su propia vida. En este período se produce el relevo de las figuras parentales como centro de su existencia hacia las extrafamiliares representadas por otros adultos, por pares o por ídolos del mundo cultural (del ámbito de la música, la televisión o del cine). La finalización de este proceso estaría dada por el abandono definitivo y sin culpas de los progenitores como figuras de referencia existencial, lo cual, según la autora, ocurre entre los 20 y 25 años.

La antropología y la sociología han realizado también importantes aportes sobre distintas problemáticas de la adolescencia, como el embarazo precoz, el aborto y las adicciones, así como caracterizaciones sociodemográficas que permiten trazar el perfil de los adolescentes en distintos contextos.

Si bien varios de los abordajes conceptualizan la adolescencia como un período particular del ciclo vital, considerándola como una etapa de transición entre dos más estables, otros la reconocen como una etapa singular, con entidad y características propias. Pero, en todos los casos, existe coincidencia en afirmar que este período es acompañado por una crisis que tiene diferentes manifestaciones.

La "crisis adolescente" es interpretada por especialistas desde distintas perspectivas. Desde el campo del psicoanálisis, algunos la consideran como "muerte de la infancia" que, inexorablemente, debe ser abandonada; este abandono es acompañado por el momento crítico de la primera experiencia sexual. Entre la adolescencia y la adultez existe otra gran crisis caracterizada por el abandono de los padres. "Muerte y abandono" configuran en la historia de un sujeto momento claves para su posterior desarrollo (Dolto, 1996; Aberastury y Knobel, 1999).

Para Dolto, "un individuo joven sale de la adolescencia cuando la angustia de sus padres no le produce ningún efecto inhibidor" (1996: 21), es decir, cuando ninguna acción importante del adolescente es coartada por la reacción de sus padres; si el joven no puede completar su proceso adolescente debido a esta inhibición, tampoco su sexualidad podrá lograr una madurez adulta.

Sin embargo, la identificación de esta etapa del ciclo de vida con la "crisis adolescente" acarrea el peligro de estigmatizar a los adolescentes, particularmente a los más excluidos del espectro social, asociándolos con comportamientos delictivos, drogadicción y violencia, o como amenaza al "orden social". Esta visión promueve la judicialización e institucionalización de los "menores", apelativo que los sitúa en un campo particular como infractor de la ley y objeto de políticas de rehabilitación social. Por el contrario, en el polo social opuesto –los jóvenes pertenecientes a sectores medios y altos–, estas mismas características de rebeldía representan un modelo legitimado por la sociedad, ya que se asocian a potenciales consumidores de un mercado que promueve la belleza y la potencia física.

En la actualidad, diversas disciplinas y líneas de pensamiento han realizado importantes aportes a través de la incorporación de la categoría de género como variable explicativa. Este abordaje interpreta la sexualidad apelando a aquellos aspectos socioculturales que establecen y delimitan la construcción de la femineidad y la masculinidad, así como también a los aspectos relacionales entre ambos géneros.

Durante la etapa adolescente, la definición de la identidad sexual y la ubicación de género son claves en el desarrollo psicosocial y se expresan en estereotipos tradicionales asignados a los distintos géneros: en el *varón* se valora el inicio temprano de las relaciones sexuales, el ejercicio del sexo como una suerte de rito de pasaje a la adultez, y existen presiones de los pares y la familia para ajustarse a los requerimientos de su género. El estereotipo masculino es el de un varón sexualmente activo, heterosexual e independiente. Por el contrario, en el caso de las *mujeres* se espera la pasividad y la disponibilidad para otorgar placer a la pareja masculina. Estas expectativas acordes con el género operan decisivamente en la iniciación sexual de los adolescentes.

Por otra parte, junto con los condicionamientos familiares, los comportamientos más frecuentes de los adolescentes están decisivamente influenciados por el contexto espacial, histórico, económico y sociocultural en el que se desenvuelven. Existen importantes diferencias entre adolescentes pertenecientes a medios urbanos y rurales, entre los diferentes estratos socioeconómicos, y entre países centrales y periféricos. Igualmente, a través de los medios masivos de comunicación, se transmiten y difunden pautas de consumo de una sociedad cada vez más globalizada, que construye modelos tipificados a los que la mayoría de los adolescentes occidentales se ajustan.

La construcción social y cultural de la adolescencia

La literatura existente ubica la emergencia y conceptualización de la adolescencia en épocas relativamente recientes –fines del siglo XIX–, coincidiendo con la expansión capitalista que, con el desarrollo de la industrialización, dio lugar a modificaciones en la familia. Estas modificaciones se expresaron en la disminución de la fecundidad y la nuclearización del grupo familiar, que paulatinamente dejaba de ser una unidad de producción y consumo para delegar distintos roles y funciones a sus miembros.

Para Ana María Fernández (1993), la delimitación de la categoría adolescencia se establece en un lento proceso histórico del que emerge la configuración de la familia occidental y sus funciones en el marco de las transformaciones que permitieron el surgimiento de la sociedad industrial.

Según Rubén Efrón (1966), el surgimiento del concepto se sitúa en la Europa del siglo XIX, y estuvo motivado por razones básicamente demográficas, que exigían retardar el acceso a la vida adulta para prolongar así las actividades escolares.

Distintos autores coinciden en atribuir a la educación formal, a través de la escolaridad, la emergencia de la noción de adolescencia y la necesidad de situarla como una etapa definida y con características propias del ciclo vital de las personas (Efrón, 1996; Henriques-Mueller y Yunes, 1993; Fernández, 1993; Salazar Rojas, 1995). Por medio de un sistema escolar obligatorio exigido por los países en proceso de industrialización, la educación fue un punto de anclaje para el mundo moderno y occidental. En ese marco, la noción de adolescencia fue necesaria, ya que prolonga la dependencia, la socialización y el aprendizaje, posponiendo así el ingreso de los jóvenes a la edad adulta, al matrimonio y al mercado laboral (Henriques-Mueller y Yunes, 1993; Salazar Rojas, 1995). Siguiendo a Fernández, "la escolarización del segundo ciclo, separado del ciclo primario, constituye la institución que hace posible la producción de la noción de adolescencia" (1993: 27).

Si bien desde fines del siglo XIX y principios del siglo XX la escolaridad pasa a ser valorizada como un bien necesario para el ingreso a las nuevas formas productivas, ella tendrá distinta repercusión para *varones* y *mujeres*, lo que da cuenta de la incidencia del género en la conformación del capitalismo que requirió, para su consolidación, una fuerza de trabajo masculina que se desenvolviera en el mundo productivo, y delegó en la mujer las tareas domésticas y de reproducción generacional. De esta manera, se adjudicaron roles y reconocimientos en el mundo público al varón, mientras que a la mujer se la constriñó al mundo de lo privado, familiar y reproductivo, con escaso reconocimiento de sus funciones.

La educación era considerada una necesidad impostergable para el adolescente varón, mientras que ni el sistema ni la familia consideraban que las niñas tuvieran necesidades de formación similares a las de los varones.

> Si bien la niña de sectores burgueses es la primera dentro de las mujeres en particularizarse socialmente como adolescente, sin embargo, su diferenciación no se realiza en los marcos del dispositivo escolar, sino en función de una formación especializada, pero para otros fines. Esta especialización se mantendrá hasta el siglo XX por fuera de la escolarización y se produce a partir de la prolongación de la edad de casamiento de las niñas (Fernández, 1993: 27).

Michelle Perrot introduce, incluso, la variable religiosa en la explicación de la importancia atribuida a la educación de varones y mujeres, aun antes del siglo XIX, y señala que el protestantismo en Inglaterra, Alemania y los países nórdicos era más proclive a la educación de las mujeres que el catolicismo imperante en Francia.

> Prusia, por ejemplo, decretó, desde comienzos del siglo XVIII, la alfabetización obligatoria para los dos sexos. Sin embargo, la Revolución Francesa y la industrialización aumentaron en seguida la distancia. Los poderes públicos se ocupan de los muchachos y desdeñan a las niñas [...] la mayoría de los países europeos concreta la enseñanza media de las mujeres entre 1880 y 1920 (Perrot, 1997: 104).

Durante un prolongado período del siglo XX, las mujeres comienzan un lento proceso de inclusión sostenida en la necesidad del sistema de incorporarlas como un factor clave para el desarrollo del capitalismo. A través de la educación formal se buscará lograr una mayor inserción de las niñas y adolescentes para que en el futuro puedan estar en condiciones de integrar la fuerza laboral, a la vez que satisfacer las necesidades de reproducción doméstica que requería la consolidación de este modo de producción. Esta tendencia se fortaleció posteriormente con las luchas del movimiento de mujeres por lograr la igualdad de oportunidades en relación con los varones, en todos los terrenos, particularmente en el plano educativo, lo cual se reflejó, en varios países de América latina, en indicadores de escolaridad más favorables para ellas.

A partir de la ubicación sociohistórica y de algunas precisiones del concepto, se fue consolidando la definición clásica de la adolescencia como "etapa de transición entre la niñez y la edad adulta", en la que se identificaron características fisiológicas y psicológicas, muchas de ellas asociadas a conductas de riesgo. En esto tuvo una incidencia importante la perspectiva del modelo médico que relaciona los comportamientos adolescentes con situaciones de riesgo, y que tiende a medicalizar los cambios que se producen durante la adolescencia bajo categorizaciones de "normal" o "patológico". Esta perspectiva ha contribuido también a fomentar la visualización de la adolescencia como un fenómeno problemático de por sí debido a su característica de mutación y por estar situado en las fronteras de dos momentos claramente tipificados.

Para Diego Salazar Rojas, "la adolescencia que Occidente ha inventado se caracteriza por su larga duración, su indeterminación, su carga de conflictos y la grosera asincronía entre la madurez sexual y la madurez social" (1995: 17).

La adolescencia desde una perspectiva sociodemográfica

La etapa del ciclo vital correspondiente a la adolescencia varía según el contexto sociohistórico. En la actualidad, según los parámetros establecidos por la Organización Mundial de la Salud, la adolescencia se sitúa entre los 10 y los 19 años. En el medio occidental urbano, la mayor parte de los adolescentes son sexualmente activos antes de los 20 años, de manera que las problemáticas que afectan a la salud sexual y reproductiva, como las enfermedades de transmisión sexual (ITS) y el VIH/sida, el acceso a métodos anticonceptivos seguros, así como la prevención de toda forma de violencia, se transforman en una prioridad para poder encarar su actual y futura calidad de vida.

En relación con la educación, considerando las diferencias por género, la tasa de escolaridad es equivalente o aun superior en las mujeres; pero, en el trabajo, las tasas de desempleo son altas para los adolescentes de ambos sexos en gran parte de los países de Latinoamérica.

En la adolescencia, la educación y el trabajo se convierten en los factores clave en el desarrollo de las personas. En el caso particular de las mujeres, la educación está altamente asociada con la fecundidad: las mujeres menos educadas son madres más tempranamente y tienen un mayor número de hijos. Según un estudio de FLACSO, en América latina, el 50 % de las madres con baja escolaridad tuvo su primer hijo antes de los 20 años.

En la Argentina la tasa de fecundidad adolescente, en relación con la tasa de fecundidad general, es alta; particularmente en el caso de la fecundidad precoz (menores de 15 años). Los últimos registros indican que el 15,2 % de los niños nacidos en el año 2000 fueron hijos de madres adolescentes. Si bien estos nacimientos son mayoritariamente de madres que tienen entre 15 y 19 años, existe un pequeño porcentaje (0,5 %) que corresponden a menores de 15 años.

También es necesario destacar las marcadas diferencias entre los datos de nacidos de madres adolescentes en las distintas regiones del país. Mientras que en la ciudad de Buenos Aires el porcentaje de los nacimientos de madres menores de 19 años es del 6,5 %, en provincias muy pobres del noreste y noroeste argentino alcanzan porcentajes muy superiores. Por ejemplo, en Chaco cerca del 25 % de los nacimientos corresponden a madres adolescentes, mientras que en Formosa representan el 20 %; en Misiones el 20,5 % y en Jujuy, el 18 % (Ministerio de Salud, 2000).

Entre las adolescentes, al igual que para todas las mujeres en edad reproductiva, el aborto es la primera causa de muerte materna. En el 2000, el 11 % de las muertes por aborto correspondió a adolescentes menores de 19 años (Ministerio de Salud, 2000).

La salud sexual y reproductiva de los adolescentes es un tema prioritario contemplado en varios de los servicios de salud que atienden a esta población y en investigaciones y trabajos de intervención social desarrollados por las ONG y los equipos de investigación de sectores universitarios y del ámbito académico.

Entre las políticas públicas gubernamentales, cabe mencionar la formulación, en 1993, del Plan Nacional de Salud Integral del Adolescente que, según señala su objetivo general, "tiene como base fundamental la promoción y protección de la salud de los adolescentes mediante una cobertura creciente en calidad y cantidad de los servicios" (PNSIA, 1993: 10), proponiendo un abordaje integral de la salud del adolescente. Sin embargo, esta propuesta nunca fue implementada debido, entre otros problemas, a la reticencia ideológica del gobierno para enfocar la problemática de la salud sexual y reproductiva de los adolescentes (Gutiérrez, Gogna y Romero, 2001).

Asimismo, en 1995, la Secretaría de Programas de Salud del Ministerio de Salud y Acción Social de la Nación y la Dirección de Salud Materno Infantil, con el apoyo de la

OPS y la Fundación Kellogg, elaboraron un documento denominado "Lineamientos normativos para la atención integral de salud en adolescentes", donde se sintetizan las distintas iniciativas que se desarrollaron desde 1957 en relación con la atención de la salud de esta población, y realizan distintas propuestas de acción a futuro.

Si bien es necesario destacar muchas de las iniciativas de los servicios públicos para la atención de la salud de los adolescentes, consideramos que desde la política de Estado y bajo las figuras jurídicas que pautan las leyes de salud sexual y reproductiva en el nivel nacional y en algunas provincias, la atención a esta población debería tener en cuenta de manera prioritaria las recomendaciones establecidas en la "Plataforma de Acción" de la IV Conferencia Internacional de Población y Desarrollo realizada en El Cairo (1994). En ella se señala:

> [...] abordar las cuestiones relativas a la salud sexual y reproductiva en la adolescencia, en particular los embarazos no deseados, el aborto en malas condiciones y las enfermedades de transmisión sexual, incluido el VIH/sida, mediante una actitud responsable y sana, que incluya la abstinencia voluntaria, y la prestación de servicios apropiados de orientación y asesoramiento claramente apropiados para este grupo de edad (Punto 7.44).

Adolescentes: ¿categoría sociodemográfica, menores o ciudadanos?

La adolescencia puede ser vista bajo la óptica de una categoría sociohistórica, en cuya construcción interviene un conjunto de indicadores sociodemográficos, físicos y psicológicos.

Pero, desde una perspectiva social, los adolescentes no tienen representación como un colectivo social, es decir, con una entidad propia que los convoque, por ejemplo, en la defensa de sus particulares derechos. Si bien grupos de adolescentes pueden autopercibirse como iguales entre sí y con problemáticas comunes, no generalizan esta identidad a su categoría social, por ello mismo carecen de representatividad.[1]

El abordaje de la problemática adolescente involucra múltiples disciplinas y privilegia un enfoque integral, incluida la perspectiva de género, y es además una cuestión que deben encarar las políticas públicas en el marco del respeto y la promoción de los derechos de los jóvenes.

La importancia de las distintas problemáticas relacionadas con la sexualidad durante la adolescencia se refleja en los capítulos destinados a su tratamiento en las "Plataformas de Acción" de la IV Conferencia Internacional de Población y Desarrollo, realizada en El Cairo en 1994, y de la IV Conferencia Internacional de la Mujer, realizada en Beijing en 1995. En ambas se establecen metas para la prevención del embarazo adolescente, el VIH/sida, la violencia y el abuso sexual.

Entre algunas de las recomendaciones para la población adolescente de la "Plataforma de Acción" de El Cairo se destaca la siguiente:

> [...] se exhorta a los gobiernos a que, en colaboración con las organizaciones no gubernamentales, atiendan las necesidades especiales de los adolescentes y establezcan programas apropiados para responder a ellas. Estos programas deben incluir mecanismos de apoyo para la enseñanza y orientación de los adolescentes en las esferas de las relaciones y la igualdad entre los sexos, la violencia contra los adolescentes, la conducta sexual responsable, la planificación responsable de la familia, la vida familiar, la salud reproductiva, las enfermedades de transmisión sexual, la infección por el VIH y la prevención del sida. Deberían estable-

1. En contados casos y determinados contextos sociales y culturales, algunos adolescentes se nuclean en agrupaciones de tipo estudiantil, estableciendo un vínculo de representatividad frente a las autoridades escolares.

> cerse programas para la prevención y tratamiento de los casos de abuso sexual e incesto, así como otros servicios de salud reproductiva (Punto 7.47).[2]

Cabe recordar que distintos instrumentos internacionales reconocen explícitamente a los adolescentes en su condición de tales y los protegen contra la vulneración de sus derechos. Entre ellos se puede señalar, en primer lugar, la Convención Internacional de los Derechos del Niño (CIDN) sancionada en la Asamblea General de las Naciones Unidas en noviembre de 1989.[3] La CIDN involucra a los adolescentes en la medida en que toma como sujetos de incumbencia a los niños desde el nacimiento hasta los 18 años de edad.

La CIDN marca un punto de inflexión en el tratamiento de la problemática de la infancia y la adolescencia al establecer una normativa jurídico-legal que considera a niños, niñas y adolescentes como:

> [...] sujetos plenos de derechos, merecedores de respeto, dignidad y libertad, y abandona la concepción del niño como objeto pasivo de intervención por parte de la familia, el Estado y la sociedad. En este sentido, reconoce a los niños como titulares de todos los derechos que poseen los adultos, sumándole otros derechos especiales por su especial condición de personas en desarrollo (UNICEF, 2000: 30).

Este abordaje se encuadra en la doctrina de la protección integral y es el primer intento de "adecuar las prácticas sociales y culturales con una nueva mirada hacia el niño y el adolescente como sujetos de derecho" (Red de Defen-

2. Los puntos 7.41; 7.45 al 7.47 de la "Plataforma de Acción" de El Cairo y los puntos 83.l; 106.m; 107.e-g;108.k, 108.l; 267; 281.e-g de la "Plataforma de Acción" de Beijing son los más específicos.

3. La República Argentina sancionó la Convención sobre los Derechos del Niño como Ley Nacional 23.849 en 1990, y la incorporó al artículo 75, inciso 22, en la reforma constitucional del año 1994.

sorías, 1998). Ello cambia la perspectiva de análisis y se constituye en el punto de partida para cualquier tipo acción sobre esta franja poblacional. La CIDN obliga al Estado a desarrollar políticas públicas integrales respetando la condición de los niños y adolescentes como ciudadanos, con capacidades para ejercer sus derechos. De esta manera, esta concepción significa un aporte sustantivo en la consideración de la adolescencia no como estadio o etapa, sino como situación vital en la que se construye la noción de ciudadanía y cuya consolidación se expresará en la etapa adulta (Konterllnik, 1996).

Cabe señalar que la CIDN es el primer tratado internacional que reconoce los derechos reproductivos de los adolescentes cuando, en el artículo 24, inc. 2f, establece la necesidad de "desarrollar la atención sanitaria preventiva, la orientación a los padres y la educación y servicios en materia de planificación familiar".

Otro hito importante en el campo de los tratados internacionales es la "Convención sobre la Eliminación de Todas las Formas de Discriminación contra la Mujer" (CEDAW, en inglés), aprobada por la Asamblea General de la ONU en 1979,[4] que en nuestro país tiene carácter constitucional desde 1994. Este tratado, en su artículo 16 E, establece los derechos sexuales y reproductivos indicando el "acceso a la información, la educación y los medios que les permitan ejercer estos derechos".

En síntesis, es preciso concebir la adolescencia como un proceso conflictivo y, a la vez, creativo, hacia la adultez. En la medida en que durante este proceso se respeten la voz, las necesidades y las perspectivas de los adolescentes como sujetos de derecho y activos partícipes en su ejercicio, pro-

4. En el artículo 10, inc. h, de la CEDAW se establece el "Acceso al material informativo específico que contribuya a asegurar la salud y el bienestar de la familia, incluida la información y el asesoramiento sobre la planificación de la familia".

moción y defensa, estarán en mejores condiciones de ingresar en la adultez con las herramientas que les permitan ejercer plenamente su condición de ciudadanos autónomos. Para ello, es preciso que desde el Estado se enfaticen aquellas acciones preventivas, particularmente las relativas a la salud sexual y reproductiva, la educación y la capacitación, que permitan romper o superar el circuito de reproducción de pobreza y marginalidad.

Bibliografía

Aberastury, A. y M. Knobel (1999): *La adolescencia normal. Un enfoque psicoanalítico*, Buenos Aires, Paidós.

Bianco, M. (1998): "¿Qué servicios y para quiénes?", en *Mujeres sanas, ciudadanas libres (o el poder para decidir)*, Buenos Aires, CLADEMFEIM/FNUAP.

Bourdieu, Pierre (2000): *La dominación masculina*, Barcelona, Anagrama.

Conferencia Internacional de Población y Desarrollo (CIPD), "Plataforma de acción", El Cairo, septiembre de 1994.

Cuarta Conferencia Mundial sobre la Mujer (CCMM), "Declaración y plataforma de acción", Beijing, septiembre de 1995.

Checa, Susana y M. Rosemberg (1996): *Aborto hospitalizado. Una cuestión de derechos reproductivos una cuestión pública*, Buenos Aires, El Cielo por Asalto.

Dolto, F. (1996): *La causa de los adolescentes*, Buenos Aires, Seix Barral.

Efrón, R. (1996): "Las dimensiones de la problemática adolescente. Subjetividad y adolescencia", en I. Konterllnik y C. Jacinto (comps.), *Adolescencia, pobreza, educación y trabajo*, Buenos Aires, Losada y UNICEF.

Fernández, Ana María (1993): *La invención de la niña*, Buenos Aires, UNICEF.

Foucault, Michel (1995): *Historia de la sexualidad. 1. La voluntad de saber*, Buenos Aires, Siglo XXI.

Gutiérrez, A.; M. Gogna y M. Romero (2001): "Estudio de caso. Programas de Salud Reproductiva para Adolescente en Buenos Aires, Argentina", en M. Gogna, *Programas de Salud Reproductiva para Adolescente. Los casos de Buenos Aires, México D. F. y San Pablo*, Buenos Aires, Consorcio Latinoamericano de Programs en Salud Reproductiva y Sexualidad.

Henriques-Mueller, M. E. y J. Yunes (1993): "Adolescencia: equivocaciones y esperanzas", en *Género mujer y desarrollo en las Américas*, Washington, OPS.

Konterllnik, I. (1996): "Introducción: ¿Por qué la adolescencia?", en I. Konterllnik y C. Jacinto (comps.), *Adolescencia, pobreza, educación y trabajo*, Buenos Aires, Losada y UNICEF.

Ladi Londoño, M. E. (1994): "Manifestaciones y prácticas sexuales en la adolescencia", en *Ética de la ilegalidad. Visión de género y valores reproductivos*, Cali-Colombia, ISEDER.

Lagarde, M. (1994): "Maternidad, femineidad y democracia", en *Repensar y politizar la maternindad en este fin de milenio*, México, GEM.

Ministerio de Salud. Programa Nacional de Estadísticas de Salud (2001): *Estadísticas vitales. Información básica 2000*, serie 5, nº 44, Buenos Aires, Argentina.

Ministerio de Salud. Secretaría de Atención Sanitaria (2000): *Adolescencia*, Buenos Aires, Unidad Coordinadora Ejecutora de Programas Materno-infantiles y Nutricionales.

Perrot, M. (1997): *Mujeres en la ciudad*, Santiago de Chile, Andrés Bello.

UNICEF (2001): *Convención sobre los Derechos del Niño. Convención sobre la eliminación de todas las formas de discriminación contra la mujer. Convención Interamericana para prevenir, sancionar y erradicar la violencia contra la mujer. Declaración Universal de los Derechos Humanos.*

UNICEF, CTERA, CAL: "¿De qué hablamos cuándo hablamos de derechos?" *Convención sobre los Derechos del Niño*, Buenos Aires, septiembre de 2000.

UNICEF, ADI, Consejo de los Derechos de Niñas, Niños y Adolescentes (2002): *Una joven ley para los más jóvenes de la ciudad. Ley 114 de Protección Integral de los Derechos de Niños, Niñas y Adolescentes de la Ciudad de Buenos Aires*, Buenos Aires.

Red de Defensorías de Niños y Adolescentes, Dirección General de la Familia y el Menor, Secretaría de Promoción Social (1998): *Los derechos de los niños, una nueva perspectiva de análisis, Área de Investigación*, GCBA.

Ramos, S.; M. Gogna, M. Petracci, M. Romero y D. Szulick (2002): *Los médicos frente a la anticoncepción y el aborto. ¿Una transición ideológica?*, Buenos Aires, CEDES.

Salazar Rojas, Diego (1995): "Adolescencia, cultura y salud", en *La salud del adolescente y del joven*, Washington, OPS, Publicación científica nº 552.

CAPÍTULO 1

¿Escrito en el cuerpo? Género y derechos humanos en la adolescencia

Eleonor Faur

Introducción

Lo primero que nos distingue como hombres o mujeres es nuestra diferencia sexual, una diferencia que –inicialmente– se inscribe en el mapa de nuestros cuerpos. Durante la adolescencia, ésta se presenta con nitidez y genera un territorio de renovadas representaciones. Cuerpos que cambian, cadenas de significados que aparecen en cada relato ocasional, registros cotidianos sobre una transformación ineludible en la subjetividad y en la sociabilidad son algunos de los signos que acompañan a este ciclo en nuestra cultura.

Muchos son los significados que se otorgan al hecho de ser varón o mujer en una sociedad determinada. Más allá de lo físico, se crean definiciones corporales y emocionales, así como prácticas sociales relativas a la sexualidad, la división del trabajo y la distribución de los recursos materiales y simbólicos entre varones y mujeres. Tales distinciones revelan a todas luces una dimensión cultural: el *género.*

La manera como construimos el género, ya sea individual o colectivamente tiene una compleja relación con el ejercicio de nuestros derechos humanos. Como sujetos o grupos, tendremos que negociar nuestra posición frente al Estado y frente a la comunidad para participar en la formulación de agendas que posibiliten su cumplimiento. Pero nuestras fuerzas relativas para hacerlo no responden *a priori* a los patrones de igualdad que reconocen los tratados de derechos humanos. Atravesados por desigualdades sociales, étnicas y también de género, son muchos los obstáculos que encuentran los adolescentes para el pleno ejercicio de sus derechos en la Argentina contemporánea.[1]

Ahora bien, ¿cuál será la repercusión que las diferencias de género tendrán en el ejercicio de los derechos humanos durante la adolescencia? ¿Existe algo que se constituya en desigualdad y que se inscriba –en última instancia– en los cuerpos?

En este artículo nos interesará reflexionar sobre el lugar del cuerpo en la construcción de desigualdades durante la adolescencia y los aportes que puede ofrecer la perspectiva de derechos humanos para transformar estas desigualdades. En otras palabras, vamos a tratar algunas cuestiones referidas a ser varón o ser mujer adolescente y su relación con el ejercicio de los derechos humanos.

Para ello, comenzaremos presentando sucintamente algo de la historia, el significado y los aportes del concepto de género al estudio de las dinámicas sociales. Con ello, aspiramos a ubicarnos teóricamente en un territorio que nos ayudará a pensar la existencia de cierto tipo de desigualdad presente en la adolescencia y aportará a su posterior relec-

1. Es claro que no hay una sola manera de vivir la adolescencia, sino muchas. El mismo concepto de "adolescencia" suele ser cuestionado en los estudios antropológicos, que consideran que éste no representa más que a un sector de clase media y urbana. Haciendo esta salvedad, optamos en este artículo por una definición meramente etárea del término. Con él nos referiremos a la población que atraviesa el período comprendido, aproximadamente, entre los 12 y los 18 años de edad.

tura bajo el prisma de los derechos humanos. Luego, nos detendremos en observar el lugar del cuerpo en la construcción de identidades y relaciones de género, e intentaremos reflexionar sobre las formas en que elaboramos la feminidad, la masculinidad y las relaciones sociales de género durante la adolescencia. Posteriormente, presentaremos nociones básicas sobre el marco de los derechos humanos de los adolescentes, y sugeriremos una lectura articulada entre la Convención sobre los Derechos del Niño y la Convención sobre la Eliminación de todas las Formas de Discriminación contra la Mujer. Finalmente, buscaremos responder a la pregunta que guía el trabajo de un modo subterráneo y que se refiere al grado en que el derecho puede contribuir a desconstruir jerarquías de género en esta etapa de la vida.

¿De qué hablamos cuando hablamos de género?

El concepto de género y sus aportes

El concepto de género se refiere a la construcción social y cultural que se organiza a partir de la diferencia sexual. Supone definiciones que abarcan tanto la esfera individual –incluyendo la subjetividad, la construcción del sujeto y el significado que una cultura le otorga al cuerpo femenino o masculino–, como la esfera social –que influye en la división del trabajo, la distribución de los recursos y la definición de jerarquías entre unos y otras–. Es posible encontrar acepciones que suponen, erróneamente, que *género* constituye una manera más "académica" de decir *mujer* (véase Scott, 1986: 270). Sin embargo, esta categoría se refiere tanto a las mujeres como a los varones, enfatizando la dinámica relacional entre el universo femenino y el masculino. Por ello, permite comprender la lógica de construcción de identidades y las *relaciones* de género como parte de una determinada organización de la vida social que involucra a ambos sexos.

Existen distintas definiciones del concepto de género, algunas hacen hincapié en la dimensión simbólica que "cada cultura elabora sobre la diferencia sexual" (Lamas, 1994: 4); otras subrayan la desigualdad de poder que está presente sistemáticamente en esta construcción cultural (véase Kabeer, 1994). Pero, de algún modo, se encuentran coincidencias, ya que unas y otras plantean que el género supone al mismo tiempo la construcción de identidades en el orden simbólico y su ordenamiento social e institucional, plasmado en relaciones sociales signadas por jerarquías (véanse Scott, 1986; Connell, 1994; Bourdieu, 1998).

En las décadas de 1920 y 1930, la antropóloga Margaret Mead fue pionera en el desarrollo de estudios centrados en la distinción de modos de ser varón o mujer en diferentes comunidades. Tales investigaciones le permitieron a Mead afirmar que no existen bases biológicas para relacionar la pertenencia a uno u otro sexo con comportamientos y actitudes consideradas "masculinas" o "femeninas". Por el contrario, en distintas culturas se desarrollan *diferentes* definiciones de masculinidad y feminidad. Estos hallazgos contribuyeron a confrontar a aquellas perspectivas que consideraban que existía una "esencia" en los comportamientos de varones y de mujeres, que los hacía generalizables y relativamente inmutables.

Posteriormente, Simone de Beauvoir, en su libro *El segundo sexo* (1949), incorporó la idea de que las mujeres no nacen, sino que *se hacen*. Sostenía que el mundo occidental estaba organizado en función de una polaridad entre hombres y mujeres, en la cual los hombres habían controlado los sistemas de poder –aunque podría haber sido de otro modo, subrayaba– mientras que a las mujeres les había quedado el papel de ser *lo otro*, lo distinto respecto del modelo central, que era el masculino, y en este lugar –el de la otredad–, les tocaba hacerse a sí mismas, parirse, a lo largo de la vida.

La afirmación de Simone de Beauvoir fue considerada la "primera declaración célebre sobre el *género*",[2] no por haber incorporado el concepto en sí, sino por el desarrollo que realizó sobre la construcción de la feminidad como un complejo proceso cultural. Extrapolando esta idea al universo de los varones, es evidente que la masculinidad es también producto de procesos sociales y culturales, cuya práctica se plasma en el escenario de las relaciones de poder y de producción y en los vínculos emocionales (Connell, 1994).

Ahora bien, como dicen algunas autoras, "el hecho de vivir en un mundo compartido por dos sexos puede interpretarse en una variedad infinita de formas" (Conway, Bourque y Scott, 1996: 23). Desde mitad de la década de 1950 y durante bastante tiempo, la interpretación más extendida fue la que presentó el sociólogo Talcott Parsons en su estudio sobre la familia.[3] Parsons argumentaba que en grupos sociales pequeños, como la familia, existían "roles" definidos y complementarios para cada sexo. Los hombres actuaban e internalizaban un papel "instrumental" –ligado al trabajo en el mundo de lo público y a la provisión económica– y las mujeres, un papel "expresivo" –ligado al trabajo en el interior de los hogares, y a la responsabilidad de la crianza y el cuidado de los hijos–. De tal modo, se suponía la existencia de expectativas recíprocas entre las personas: cada sujeto o grupo de sujetos no sólo desempeña un papel determinado sino que, además, espera de los otros un cierto desempeño. Este paradigma suponía que la socialización de niños y niñas para cumplir con estos papeles formaba parte del funcionamiento racional de la sociedad.

2. Marta Lamas (1996a) cita esta máxima de Mary Dietz.

3. Talcott Parsons y R. Bayles (1955): *Family, Socialization and Interaction Process*, citado en Conway, Bourque y Scott (1987) y en Connell (1994).

Más adelante, la nueva ola del feminismo académico de la década de 1970 argumentó que esta definición de roles, lejos de demarcar una complementariedad inofensiva, lo que de hecho mostraba era una desigual distribución del poder entre hombres y mujeres. Un sinnúmero de investigaciones evidenciaron que las mujeres no desempeñaban un rol neutral sino que ocupaban una determinada *posición*, la que suponía desventajas en términos de autonomía, de apropiación de sus cuerpos, de participación en la generación de recursos y en la toma de decisiones sobre ellos, entre otras cosas. El concepto de "roles sexuales" fue fuertemente criticado por académicas como Helene Lopata y Barrie Thorne (1978: 106), quienes encontraron que el género no es un rol –como pueden ser los de madre o maestra– pues "no hay un conjunto definido de relaciones cuya única función, de alguna manera, esté restringida a la característica social de ser hombre o ser mujer".

En esta misma década –1970–, algunas autoras anglosajonas comenzaron a utilizar el término "género" para denotar la dimensión cultural que se construye a partir de la diferencia biológica –resumida entonces en el término "sexo"–. No es casual que este concepto se haya originado en países de habla inglesa, pues como bien señala Marta Lamas, el término en inglés (*gender*) es más preciso que en otras lenguas porque siempre se refiere a cuestiones relativas a lo masculino o femenino, mientras que, por ejemplo, en español, tiene múltiples acepciones (Lamas, 1996a).

Ahora bien, el género como categoría analítica profundizó la discusión acerca de la existencia de jerarquías entre varones y mujeres, desplazando el enfoque centrado en los "problemas de las mujeres" hacia otro que encontraba que el origen de la desigualdad correspondía a una determinada construcción de posiciones sociales diferenciales para varones y mujeres. En 1972, la socióloga británica Ann Oakley fue la primera que empleó tal acepción (en *Sexo, género y sociedad*, cit. en Di Marco, 2002), al observar que "en el uso moderno, género se refiere a las múltiples diferenciaciones de los cuerpos que ocurren en el espacio social y están delineadas sobre el plan biológico de base". Posteriormente, Gayle Rubin (1975) sostuvo que las sociedades estructuran determinados "sistemas sexo/género" y planteó que estos acuerdos no eran idénticos para todas las culturas ni sociedades.

En las dos últimas décadas (1980 y 1990), la fertilidad de este desarrollo conceptual permitió repensar las cuestiones relativas al cuerpo y, consecuentemente, se cuestionó la distinción inicial entre *sexo* y *género*, al sostenerse que la utilización del término sexo como un condensador de datos biológicos fue revestida de una naturalización ficticia. Sin duda, la lectura de Michael Foucault permitió ahondar en la discusión sobre este tema (Butler, 1982). Y, en palabras de Marta Lamas (1996b: 356): "muchos de los nuevos trabajos histórico-desconstructivistas siguen los pasos de Foucault: desencializar la sexualidad, mostrando que el sexo también está sujeto a una construcción social". Vale decir, lo que se percibe como invariable no es ya el sexo, sino la materialidad de la *diferencia sexual* cuyo signo, no obstante, admite significativas variaciones en la manera como se simboliza e interpreta (véase Butler, 1982; Lamas, 1996b).

Muchos fueron los aportes de la categoría de género para el análisis del complejo mundo de lo social. En primer lugar, la inclusión de una visión que incorpora a los varones en el análisis sobre la situación de las mujeres. Así, por ejemplo:

> [...] quienes se preocuparon de que los estudios académicos en torno a las mujeres se centrasen de forma separada y demasiado limitada en las mujeres, utilizaron el término "género" para introducir una noción relacional en nuestro vocabulario analítico (Scott, 1996: 266).

El problema no eran entonces "las mujeres" sino las relaciones de poder desigual entre varones y mujeres, cuya cotidiana afirmación construía identidades y vínculos marcados por una asimetría simbólica y material.

Por otra parte, el anclaje del concepto de género en la dimensión cultural permitió superar una noción determinista en el sentido biológico para reconocer la variabilidad de las nociones acerca de lo masculino y femenino en distintos contextos culturales y socioeconómicos, así como su dinamismo a lo largo de la historia. Vale decir que esta perspectiva puso en evidencia que, siendo el género el producto de una construcción cultural, era también objeto de transformaciones.

Señalar la variabilidad de las definiciones históricas y culturales en relación con las identidades y jerarquías de género permitió avizorar la necesidad de articular distintas dimensiones de análisis para una mejor comprensión de las relaciones sociales. Lourdes Benería y Gita Sen (1982), desarrollaron un importante aporte en el sentido de entrecruzar las dimensiones de clase y género para el análisis de las desigualdades sociales. En la actualidad vemos, por ejemplo, que es frecuente escuchar frases de este tipo: "el problema no son las desigualdades de género sino la pobreza". Pero, para quienes viven en situación de pobreza, ¿es igual ser varón que ser mujer o existe una dificultad extra para ellas, en términos de sobrecarga de trabajo en el hogar y fuera del hogar, menor desarrollo de la autonomía e, incluso, dificultades para tomar decisiones sobre sus propios cuerpos? Creemos que sí existen diferencias, en las cuales no sólo cuenta la articulación entre género y clase social, sino también la etnia, el contexto cultural y el ciclo vital.

Actualmente conviven diversos modelos de género en el seno de una misma comunidad, según lo aprendido y vivido por distintas generaciones y clases sociales y sus posibilidades concretas de poner en práctica esquemas de mayor o menor grado de flexibilidad frente a los patrones tradicionales de su entorno. Puede, entonces, observarse que, si bien las definiciones culturales acerca de lo femenino y lo masculino son variables y se modifican a lo largo del tiempo, su ritmo de cambio no es parejo ni se extiende en el conjunto de cada sociedad del mismo modo. Pueden producirse cambios en algunas dimensiones o en algunos grupos más tempranamente que en otros. Pueden, también, ocurrir mayores avances en el discurso que en ciertas prácticas sociales e institucionales. Esto se observa cuando, por ejemplo, se confirma que las mujeres están alcanzando altos niveles educativos, pero aún existen brechas entre sus ingresos y los de los varones. O, también, cuando percibimos a los varones cada vez más comprometidos con su paternidad pero todavía no tan vinculados a la organización doméstica de sus familias. O bien, cuando vemos que las mujeres de clase media van postergando el inicio de su maternidad en función de continuar sus estudios, mientras que en las mujeres pobres crece el porcentaje de embarazos durante la adolescencia. O cuando, pese a diagnosticar importantes avances de las mujeres en el terreno laboral y político, al prender el televisor, encontramos que una arrasadora mayoría de programas –de producción nacional– reproducen los modelos hegemónicos de varones con capacidad de conducir y generar opiniones y mujeres como acompañantes agradables, cuya intervención se limita a aportar noticias banales o a mostrar cuerpos vestidos con mínimas ropas, moldeados en gimnasios y quirófanos para tal ocasión.

En este punto cabe preguntarse, entonces, ¿cuál será el lugar del cuerpo en la construcción de estas desigualdades? Pregunta no menor si nos proponemos observar cómo se asume la desigualdad de género en la adolescencia.

El lugar del cuerpo en las identidades y relaciones de género

El cuerpo como espacio simbólico representa una suerte de fricción entre quienes consideran la masculinidad y la feminidad como un ordenamiento cuyas características sociales responden a patrones biológicos, y quienes restan importancia a su materialidad frente al cúmulo de significados que se entretejen acerca de las diferencias de género. Sin embargo, estar cerca de una lógica que reconoce la centralidad de la cultura y de la historia en la construcción de identidades de género, también nos permite observar que las prácticas sociales llegan a permear las definiciones, los usos y las significaciones corporales de las personas en función de su diferencia sexual, mucho más allá de su distinción hormonal y reproductiva. Las corrientes desconstructivistas suelen ir aún más lejos y sostienen, como Judith Butler (1982: 304), que "cuando se concibe el cuerpo como un locus cultural de significados de género, deja de estar claro qué aspectos de este cuerpo son naturales o cuáles carecen de impronta cultural".

Desde nuestra perspectiva, si bien la diferencia sexual entre los varones y las mujeres es una evidencia irreducible y constituye una experiencia significativa en la vida de unos y otras, a partir de ella se ha construido una serie de mandatos sobre gustos, capacidades, actitudes y comportamientos que supera el territorio de lo físico –pensado en términos de materia–, pero que también se inscribe en el cuerpo. Esta distancia relativa que tomamos frente a lo material nos permite regresar al territorio del cuerpo e interrogarnos acerca de su condicionamiento cultural.

Es evidente que el cuerpo tiene un papel ineludible en la construcción de sujetos en términos de su género (véanse Connell, 1995; Bourdieu, 1998; Butler, 1982). No hay un ser sin un cuerpo, pero, a la vez, el cuerpo es mucho más que una marca biológica. Es el primer lienzo en blanco sobre el cual se inscriben los designios de nuestro género. Con ello, el cuerpo deja muy pronto de ser un espacio neutro y se convierte en un espacio signado por señales portadoras de nuestro lugar en el mundo y de nuestro género. Como sujetos, nos construimos genéricamente, nos "hacemos" mujer o varón en la medida en que "existimos el propio cuerpo" (Butler, 1982).

La cultura imprime sus huellas en los cuerpos de varones y mujeres en un continuo ida y vuelta. En ocasiones, similares destrezas corporales de un niño o de una niña suelen clasificarse de modo distinto por quienes las leen. Por ejemplo, ya desde la gestación, las "patadas" de una niña posiblemente estarían denotando a una futura bailarina, pero, si se está gestando un niño, los mismos movimientos caracterizarían a un probable futbolista. Mucho antes de que los cuerpos desarrollen diferente musculatura, se prepara a unos y otras para tener capacidades distintas, hasta que efectivamente, en la mayoría de los casos, acaban teniéndolas. La ropa, los modos de sentarse o de caminar, el estímulo a la práctica de deportes signados genéricamente e, incluso, la modalidad de demostración física de afectos o la forma de exponer el cuerpo en las peleas son construidos por normas simbólicas de género y, a la vez, construyen emblemas de virilidad y feminidad acordes con los contextos en los que se inscriben.

Así, la conformación de identidades femeninas y masculinas y de relaciones sociales de género está fuertemente atravesada por mandatos y prácticas corporales en un incesante vaivén. Vale decir que, si bien es evidente que en el terreno físico se presenta la diferencia sexual entre mujeres y varones, la diferencia en los órganos reproductivos no genera de por sí un territorio emocional y productivo tan distinto para unos y otras. Por otra parte, los propios cuerpos se encuentran filtrados por normas sociales e, incluso, por prácticas económicas e institucionales. Según Bourdieu, el notable éxito que ha logrado mantener durante siglos la "dominación masculina" se relaciona con el trabajo que a lo largo de la historia fueron desempeñando interconectadamente instituciones sociales como la familia, la Iglesia, el Estado, los medios de comunicación y la práctica de deportes, otorgando un viso de "naturalidad" a la desigualdad social y cultural entre los géneros. Precisamente, uno de los grandes méritos de este ordenamiento fue el de presentarse como autoevidente al haber extraído su legitimidad de un territorio de apariencia meramente biológica (Bourdieu, 1998). Como si nuestros cuerpos hubieran sido solamente el origen de tal demarcación y no uno de sus más refinados productos.

Ahora bien, ¿cuál es la particularidad de la etapa adolescente en la construcción de cuerpos y territorios diferenciales según el género? ¿Cómo se *in-corporan* las desigualdades en esta etapa?

Habitar el cuerpo, construir el género: una mirada sobre la adolescencia

Aun cuando la construcción de los sujetos, en términos de género, comienza en el mismo instante en que padres y madres depositan expectativas diferenciales en un bebé niño o niña que se está gestando, la adolescencia constituye, en nuestra cultura, una etapa de la vida en la cual las identidades y las relaciones de género transforman profundamente sus significados para la persona y para su entorno.

Al ingresar en la adolescencia ya se han atravesado las etapas de socialización de la infancia. Los jóvenes ya habrán recibido de sus padres, madres, docentes y otras personas cercanas una cantidad de ideas sobre lo que pueden y deben hacer los varones o las mujeres. Ya habrán preguntado, cuestionado o asimilado aquellos énfasis sobre sus diferencias. Las niñas ya habrán recibido muñecas, maquillajes y ollitas para sus cumpleaños, y los varones, portaaviones, juegos de ajedrez y pelotas de fútbol. Quizás, como excepción, hayan accedido a algo más típico del otro género, o bien hayan tenido algunos juguetes o recursos neutrales en este sentido, pero, incluso en tales casos, son capaces de distinguir entre "lo normal" y la excepción.

A partir de signos tan concretos como el disponer del patio del colegio y de espacios públicos para jugar al fútbol, ellos fueron habitando y construyendo sus cuerpos y sus identidades de un modo diferente que ellas. Probablemente, desde muy pequeños hayan accedido también al poderoso caudal de metáforas que indican, por ejemplo, que los hombres son mas "racionales, fuertes, activos y valientes", mientras que las mujeres son más "emotivas, débiles, dulces, asustadizas y dependientes". De algún modo se habrá ido incorporando en las subjetividades de unos y otras cierto sistema de oposiciones binarias, que no sólo considera que las características más valoradas en el mundo occidental moderno coinciden con lo socialmente atribuido a lo masculino, sino que, además, crea estereotipos al considerar que hombres y mujeres efectivamente *son* así (véase Olsen, 2000). Esta visión dicotómica de los seres humanos indica que cada hombre o mujer particular haría bien en rechazar o dosificar rasgos del otro polo dentro de sí.

Aunque estos mandatos no siempre son asumidos de manera literal por todas las personas, de algún modo filtran sus experiencias, sus modos de procesarlas y, en general, su forma de estar y de apropiarse del mundo que los rodea. Vale decir que, a la vez que nos ofrecen un lente desde el cual mirar el mundo, nos imponen una restricción para habitarlo (véanse Bourdieu, 1998; Lamas, 1996).

Pero además, aquello que en la infancia venía configurándose en un plano simbólico, se inscribirá en la materialidad del cuerpo adolescente y, a partir de allí, irá creando una nueva cadena de simbolizaciones acerca de la diferencia de género. En esta etapa, el cuerpo atraviesa acelerados cambios hormonales que dejan huellas nada sutiles en la vida de las personas, dando lugar al desarrollo del cuerpo adulto.[4] En

4. Una más amplia descripción de los cambios corporales se encuentra en distintos materiales pedagógicos y científicos; entre ellos, el manual de FEIM y UNIFEM (2003).

las mujeres, los cambios incluyen el paulatino crecimiento de los senos y la aparición de vello en la región del pubis y debajo de las axilas. Simultáneamente, se produce un estirón de estatura, se ensanchan las caderas y se afina la cintura. Finalmente, se produce la primera menstruación, llamada menarca, que por lo general sucede entre los 9 y los 15 años. Los varones, por su parte, crecen en estatura a medida que se ensanchan sus hombros. Les crece vello en las axilas y el pubis, así como en distintas partes del cuerpo, incluyendo la cara, donde asoma una suerte de sombra de bigote y de barba. El cambio en su voz es más notable que en las chicas: se vuelve más gruesa y atraviesa momentos de múltiples colores. También se presentan –voluntaria o involuntariamente– sus primeras eyaculaciones y las llamadas "poluciones nocturnas". Los cambios en los varones pueden empezar hacia los 11 años pero también después de los 13.

Todo este proceso se encuentra cargado de significados que superan la propia densidad del cambio físico. Se dice que las mujeres se "hacen señoritas" cuando tienen su primera menstruación y que los varones se "hacen hombres" cuando comienzan a tener relaciones (hetero)sexuales. Cada una de estas referencias supone una serie de mandatos que profundizan las diferencias entre varones y mujeres en dimensiones que se inscriben en sus cuerpos y, a la vez, exceden el terreno de sus experiencias sobre la sexualidad y de su propio cuerpo. Para ellas, el pasaje de la infancia a una nueva etapa de la vida estará, en nuestra cultura, signado por un hecho presuntamente individual: su menarca. Para ellos, una de las primeras afirmaciones sobre su hombría requiere ya de una particular salida al mundo de las relaciones sociales (y sexuales). Esta representación social denota la configuración de distintas modalidades de vivir la autonomía personal, tanto en el terreno de la sexualidad como en otros territorios que hacen también al modo como habitan sus cuerpos y participan en su entorno.

Los varones, desde niños, se ven compelidos a una suerte de conquista del mundo público. Las peleas entre ellos y el desarrollo paralelo de su fuerza física constituirán a la vez una exigencia y un recurso de poder, lo que será valorado como componente significativo de su masculinidad (véase Olavarría, 2001). Igualmente, la práctica de deportes irá consolidando la modelación de cuerpos fuertes y resistentes, según lo socialmente esperado para ellos (véase Viveros Vigoya, 2001). Así, la virilidad jamás puede eludir el componente *físico*, entendido como una postura y un comportamiento corporal que dé cuenta de los rasgos mencionados y que, por ende, reprima aquellos gestos que se alejan de lo socialmente aceptado para un cuerpo "masculino" (véase Bourdieu, 1998).

Los cuerpos femeninos están igualmente atravesados por pautas culturales. A través del discurso colectivo, de la publicidad y del modo como se presentan en los medios de comunicación, su imagen no se asociará con la potencia sino con dos características aparentemente divergentes: la "fragilidad" y la "disponibilidad", ambas construidas en función de lo masculino.

La presunta fragilidad femenina instalará un orden de jerarquías simbólicas al dotar de un don especial a los varones, quienes podrán asistir a las mujeres en aquellas pequeñas cosas para las cuales se requiere fuerza. Pero a la vez, será el argumento que demarcará fronteras para su inclusión en determinados espacios o actividades deportivas y comunitarias. Por otra parte, su disponibilidad supondrá cierta limitación para el entrenamiento de sus capacidades físicas, las que serán estimuladas en caso de no volverse una práctica corrosiva, de no atentar contra esta suerte de patrón de disponibilidad.

Según Bourdieu, la relación de las mujeres con el deporte aparece como significativa, ya que:

> [...] la práctica intensiva por parte de la mujer de un deporte determina una profunda transformación de la experiencia subjeti-

> va y objetiva del cuerpo. Al dejar de existir únicamente para el otro o, lo que es lo mismo, para el espejo [...], [el cuerpo de la mujer] se convirtió de cuerpo para otro en cuerpo para uno mismo, de cuerpo pasivo y manipulado en cuerpo activo y manipulador; mientras que, a los ojos de los hombres, las mujeres que, rompiendo la relación tácita de disponibilidad, se reapropian en cierto modo de su imagen corporal, y, con ello, de su cuerpo, aparecen como no "femeninas", prácticamente, como lesbianas (Bourdieu, 1998: 87-88).

Esta simbolización excede a la experiencia individual y muchos de los espacios en los que transitarán los cuerpos de unos y otras serán distintos. Más acotados e íntimos, para las mujeres; más expansivos, para los hombres. Y en este devenir, unos y otras se construirán a sí mismos con señales que caracterizarán algunas de sus posibilidades y límites como seres humanos en función de su género.

Paralelamente, los adolescentes afinan su mirada sobre la organización de la sociedad. Así, al llegar a esta etapa, se ha tenido suficiente inmersión en muchas de las prácticas institucionales que recrean jerarquías de género en el orden social. En el ámbito del hogar, es probable que el trabajo cotidiano haya sido responsabilidad de sus madres u otras mujeres, aun si trabajaban fuera del hogar. Es probable también que se haya solicitado más ayuda doméstica a las niñas que a los varones. En situaciones de pobreza, quizás fueron los varones quienes se vieron empujados a dejar sus estudios para procurar algún ingreso monetario para sus familias.[5] Y seguramente, pensando en las salidas, el juego y la diversión, los padres y las madres hayan sido más permisivos con los hijos varones que con las mujeres.

En la escuela, habrán tenido maestras mujeres en una arrasadora mayoría de casos y, cuando aparecía algún varón, sería para enseñarles educación física o, directamente,

5. Algunos datos sobre la división familiar del trabajo por género y generación se encuentran resumidos en Faur (2001).

para dirigir el establecimiento. En el tránsito cotidiano por el mundo, habrán notado que existían trabajos prácticamente "reservados" para uno u otro sexo: *el* colectivero, *el* ejecutivo, *la* secretaria, *la* enfermera. Y a través de los medios de comunicación, seguramente hayan visto que el universo de las decisiones políticas y económicas está en su inmensa mayoría conformado por varones.

Esas imágenes, esa definición de cuerpos, espacios y actividades para cada sexo, definen territorios y relaciones de género que, de algún modo, están incorporadas y tal vez naturalizadas en la vida de un adolescente. Buena parte de los adolescentes ya integran un universo que produce y transmite expectativas diferenciales para hombres y mujeres, y que, en función de ello, no sólo selecciona distintos trabajos para ellos y ellas sino que también distribuye de manera diferencial sus recursos, tanto materiales –dinero, acceso a créditos, empleos o el patio del colegio para correr y practicar deportes– como simbólicos –la autonomía, la valoración de su palabra y su presencia, la capacidad de formar juicios propios, el poder de decisión sobre la vida personal y sobre el entorno del cual formamos parte, entre otros–. Recursos que influyen en el modo como se demandarán y ejercerán los derechos de unos y otras.

Con este bagaje diferencial comenzará una etapa en la cual la "salida al mundo" conlleva mandatos y riesgos que, en varias dimensiones, presentan particularidades de género que, además de definir parte de sus vidas en el tiempo presente, dejan huellas para sus trayectorias futuras. Sin embargo, en el terreno de lo humano, nada es tan rígido o inamovible como para no admitir cambios en aquellas premisas que transforman las diferencias en desigualdades. "Todo, entre los mortales, tiene el valor de lo irrecuperable y de lo azaroso", señala Borges en uno de sus magníficos cuentos. Y esto sucede tanto en aquellas situaciones que desearíamos que permanezcan inmutables como en las que nos interesa transformar.

En el reconocimiento jurídico de la igualdad entre hombres y mujeres, varias modificaciones han sido fruto de un importante proceso de movilización por parte de algunos colectivos sociales y su vinculación al movimiento de derechos humanos.

En este contexto, surge la pregunta sobre el modo como la diferencia sexual crea desigualdades en el ejercicio de los derechos humanos durante la adolescencia en la Argentina y con qué herramientas contamos para transformar estas desigualdades. Una de las tareas posibles para comenzar a responderla, será revisar hasta qué punto la desigualdad de género es reconocida y considerada en términos de *injusticia* (véase Sen, 2000) en los instrumentos internacionales de protección de los derechos humanos. Procuraremos iniciar este ejercicio en las páginas siguientes. Para ello, revisaremos algunas premisas básicas del marco de derechos humanos en general y sus instrumentos para dar cuenta de la particularidad de la etapa adolescente y de las diferencias de género.

Los adolescentes varones y mujeres como titulares de derechos humanos

Parámetros universales, realidades particulares

Pensar a los adolescentes como titulares de derechos humanos no hubiera sido posible de no haberse definido un marco jurídico internacional de protección universal de estos derechos. Es sabido que la Declaración Universal de Derechos Humanos (DUDH), de 1948, fue el primer tratado de aplicación internacional aprobado por las Naciones Unidas. Sin embargo:

> [...] los derechos enumerados en esta declaración no son los únicos ni posibles derechos humanos: son los derechos del hombre

histórico tal y como se configuraba en la mente de los redactores de la Declaración después de la tragedia de la Segunda Guerra Mundial (Bobbio, 1991: 71).

Así, esta Declaración recupera parte de las definiciones precedentes en relación con los derechos que se consideraron inalienables y les imprime, por primera vez, el signo de "universalidad".[6]

Hasta allí, ni los adolescentes ni las mujeres parecían formar parte de las "mentes de quienes redactaron la Declaración Universal". Sin embargo, el principio de universalidad indicó que todas las personas tienen los mismos requerimientos básicos para una vida digna y, por lo tanto, debían tener iguales oportunidades para su satisfacción. Decir que los derechos son iguales para todos no significaba que las personas fueran idénticas entre sí ni que tuvieran las mismas condiciones de desarrollo social y personal. Tampoco suponía que estuvieran dadas las posibilidades de ejercer estos derechos en igual medida para todos. Ni siquiera ocultaba que existían barreras que hacían que algunos grupos encontraran mayores obstáculos que otros para satisfacerlos. Precisamente, o más bien *justamente*, la idea de igualdad remitía a la necesidad de equiparar las diferencias entre las personas y sus circunstancias bajo un parámetro de dignidad *mínima* que fuera común para todos. Permitía ver y cuestionar la existencia de desigualdades en el ejercicio de derechos como parte de un proceso produ-

6. La Declaración de la Independencia estadounidense de 1776 y la Declaración sobre los Derechos del Hombre y del Ciudadano de 1789, redactada en Francia, fueron sus antecedentes más importantes. En esta última, la idea de "hombre" se restringía literalmente a personas de sexo masculino que, además, debían ser propietarios de tierras. Ni los hombres pobres, ni las mujeres, ni los niños estaban incluidos en el universo de los titulares de derechos. Aun cuando se había dado un primer paso en la noción de derechos civiles y políticos, éste era todavía muy restringido.

cido social e históricamente y, por lo tanto, invitaba a identificar oportunidades y herramientas para la equiparación del goce de estos derechos.

No sin razón podrá sostenerse que la noción de igualdad es un horizonte imposible de ser alcanzado (véase Butler y Laclau, 1999), pero la tarea del movimiento de derechos humanos, la tarea *política*, consiste en su búsqueda, en la promoción de su cumplimiento, que no debería interpretarse como una tendencia hacia la homogeneización de los seres humanos sino como una aceptación y "proliferación de las diferencias" bajo un común denominador de respeto por sus derechos. Vale decir que las nociones de igualdad y diferencia no son incompatibles, sino que "en el campo político la igualdad es un tipo de discurso que intenta manejar las diferencias; es una manera de organizarlas" (Butler y Laclau, 1999: 120)

Al leer la Declaración Universal, vemos que en ella no se especificaron derechos particulares en función de diferencias de género, etnia ni ciclo de vida, aunque su concepción igualitaria sentaba la responsabilidad de los Estados de proteger todos los derechos enunciados sin ningún tipo de distinción. Escasos artículos –como el dedicado a la educación– podían pensarse en relación con la infancia y la adolescencia. Y, en lo que se refiere a las mujeres, vemos que la única referencia concreta es la que señala la necesidad de protección especial de la maternidad (art. 25.2), pese a que, en el momento de su firma, la mayor parte de los países del mundo ni siquiera contaban con voto femenino. Sin duda, el valor primordial de la DUDH no fue la particularización de prácticas específicas sino el haberle otorgado validez universal a sus declaraciones, lo que supuso, en palabras de Bobbio (1991: 71), "un punto de partida hacia una meta progresiva". Así, cuando la Declaración Universal señaló, por ejemplo, que "toda persona tiene derecho a participar en el gobierno de su país, directamente o por medio de representantes libremente escogidos" (DUDH, art. 21), estaba reconociendo este derecho a cada individuo o grupo de individuos (adultos) que hasta el momento carecían de él.

Posteriormente, el análisis continuo acerca de las vulneraciones o violaciones de derechos en distintos grupos poblacionales y contextos sociopolíticos, así como la ampliación de la conciencia social sobre cuáles son los requerimientos mínimos para la dignidad humana, contribuyeron a producir formulaciones cada vez más precisas al *corpus* de los derechos que se consideran humanos.[7] La definición acerca de cuáles son los derechos que debe proteger el Estado varía por múltiples motivos, ya sean históricos, económicos, políticos, sociales, culturales o tecnológicos. Cambian las relaciones entre el individuo y su colectividad y las del individuo con el Estado; cambian los actores sociales y políticos y cambian también sus fuerzas relativas en la negociación de agendas. Y, en este mapa de transformaciones, los enunciados de los derechos humanos también varían y se perfeccionan a lo largo del tiempo.[8] Esta ampliación de los derechos humanos puede desarrollarse de tres maneras. En primer lugar, para reconocer más derechos a las personas. En segundo término, para especificar aquellos que se aplican a poblaciones particulares en

7. No es objeto de este trabajo la discusión sobre el fundamento de los derechos humanos, pero vale la pena señalar que así como varios teóricos sostienen la teoría *iusnaturalista*, que expresa que los derechos humanos son inherentes a la "naturaleza humana", otros, como Bobbio, argumentan que los derechos humanos son fruto de un proceso histórico.

8. El dinamismo de los derechos humanos posee una característica singular pues, en ningún caso, pueden modificarse sus postulados en aras de restringir derechos a las personas. Una vez que la comunidad internacional ha consensuado ciertos parámetros mínimos y universales de dignidad, siempre podrá extender la pauta sobre lo que considera "mínimo" –ya sea mediante acuerdos internacionales o a través de leyes nacionales–, pero no puede retroceder en esta definición sin vulnerar derechos básicos de las personas (véase Nikken, 1994). Por eso, suele decirse que los derechos humanos sólo se modifican para *ampliarse*.

función de una discriminación existente. Y por último, para hacer cumplir derechos que ya han sido reconocidos.[9]

Especificación de derechos según género y ciclo vital

A partir de la firma de la DUDH, se desató un importante proceso de especificación de derechos humanos y de mecanismos de protección regionales e internacionales.[10] En 1979 y en plena ebullición del movimiento feminista, las Naciones Unidas aprobaron la Convención sobre la Eliminación de todas las Formas de Discriminación contra la Mujer (conocida como CEDAW por su sigla en inglés). Esta convención puede leerse como una efectiva ampliación de la Declaración de 1948, en tanto buscó orientar disposiciones para alcanzar la igualdad entre los hombres y las mujeres en distintas esferas sociales. Sus postulados se centran en áreas como la salud, la educación, la justicia, el trabajo y la participación política, especificando las medidas necesarias para eliminar la discriminación basada en el género.[11] Producto del importante avance académico y po-

9. Esta idea de ampliación de los derechos humanos se puede profundizar a partir de distintos documentos del Instituto Interamericano de Derechos Humanos (IIDH). En *Los derechos humanos de las mujeres: paso a paso*, consideran sólo dos modos de ampliación, que aquí se presentan en primer y tercer lugar. Me he permitido agregar el segundo a su definición.

10. Pedro Nikken (1994) señala que, además de los mecanismos orientados a establecer sistemas generales de protección, han aparecido otros destinados a proteger a ciertas categorías de personas –mujeres, niños, trabajadores, refugiados, discapacitados, etcétera– o a proteger ciertas ofensas singularmente graves contra los derechos humanos, como el genocidio, la discriminación racial, el *apartheid*, la tortura o la trata de personas.

11. El tema de la violencia contra las mujeres no fue incluido en la CEDAW, pero fue retomado en una convención más reciente que es la Convención Interamericana para Prevenir, Sancionar y Erradicar la

lítico que cuestionó las diferencias de género en la sociedad, esta convención implícitamente reconoció tanto la especificidad del cuerpo (en tanto le otorgó estatus vinculante a la necesidad de las mujeres de recibir información y atención relativa a su función reproductiva), como las desigualdades producidas por pautas culturales que imprimen a las instituciones sociales con imágenes estereotipadas y jerárquicas, y que filtran los sistemas escolar, sanitario, laboral, judicial, familiar y político. La importancia de la CEDAW consiste en que, al firmarla, los Estados parte asumen como *injusticia* la existencia de muchas de las disparidades de género, y se comprometen a otorgar un trato igualitario para hombres y mujeres, a sancionar cualquier tipo de práctica que perpetúe esta desigualdad y a promover medidas transitorias de "acción afirmativa" para su transformación. Vale decir que, como señala un documento reciente de UNICEF (2000), la CEDAW no ha sido una convención sobre las mujeres sino que ha orientado ciertas transformaciones de las relaciones sociales y familiares de hombres y mujeres a través de un enfoque amplio.

En relación con la adolescencia, una de las preguntas recurrentes era si la CEDAW se refería exclusivamente a mujeres adultas o si también incluía a niñas y adolescentes. Al igual que la DUDH, las niñas aparecen claramente en esta convención cuando se señalan referencias a su educación[12] pero, con respecto a áreas como la salud de las mujeres, fue el Comité encargado de la veeduría de la CEDAW el que finalmente ha indicado, en una de sus re-

---

Violencia contra la Mujer (conocida como Convención de Belem do Pará de 1994).

12. Estas referencias son tan específicas como para sostener que la educación debe eliminar cualquier tipo de parámetro estereotipado acerca de hombres y mujeres, promover la participación igualitaria en actividades físicas y brindar información sobre planificación familiar (CEDAW, art. 10).

comendaciones, que "el término mujeres incluye a niñas y adolescentes,[13] superando el viejo dilema.

Años más tarde, en 1989, con la firma y ratificación de la Convención sobre Derechos del Niño (CDN), los adolescentes de ambos sexos son reconocidos explícitamente como titulares de derechos humanos y, con ello, son también incluidos en parámetros de dignidad universales.[14] Este hito representa un importante avance en el tratamiento jurídico de la infancia y la adolescencia porque, entre otras cosas, inaugura el reconocimiento de quienes atraviesan etapas tempranas del ciclo vital como sujetos con derecho a opinar y ser oídos en todas las esferas que transitan –incluso, las jurídico-administrativas–, y a buscar y difundir informaciones e ideas por sí mismos (CDN, arts. 12 y 13). Otra de las novedades que surgen de esta Convención es la noción de "interés superior de la infancia" (CDN, art. 3), que induce a que todas las medidas que tomen las instituciones públicas o privadas deben atender *primordialmente* el interés de la niñez y la adolescencia.[15] A pesar de sus notables aportes, la CDN hace mención en su texto a la diferencia sexual entre mujeres y varones. Tampoco interpela

13. Me refiero a la Recomendación General Número 24 del Comité sobre la Eliminación de todas las Formas de Discriminación contra la Mujer, citada en Consejo Nacional de la Mujer (2001).

14. Según Emilio García Méndez (1998), históricamente, la infancia y la adolescencia han sido reconocidas como etapas de *necesidades* particulares, pero la visión de que este grupo de población tenía, además y sobre todo, *derechos* exigibles fue una de las grandes novedades inauguradas por la CDN. La diferencia central entre las aproximaciones caritativas basadas en las necesidades y el enfoque de protección integral de derechos consiste en que este último requiere de la creación de mecanismos jurídicos e institucionales que garanticen su cumplimiento y, por lo tanto, *empodera* a la población para su exigibilidad.

15. Autoras como Nelly Minyersky (2003) han llamado la atención sobre la necesidad de prescribir una interpretación garantista a este principio, basada en el cumplimiento del conjunto de derechos de los niños y adolescentes tanto en el ámbito público como en el privado.

las relaciones sociales de género, ni la discriminación existente en la simbolización de esta diferencia. Obviamente, no fue objeto de esta Convención hacerlo, aun cuando su orientación universalista es explícita al referir en su segundo artículo que todos los derechos enunciados deberán ser respetados sin ningún tipo de distinción. Podría, por ende, considerarse una convención *neutral* en términos de género.

Así, vemos que existen instrumentos jurídicos que especifican los derechos de ciertas poblaciones definidas en función de su edad o de su género. Dichos instrumentos refuerzan el principio de universalidad de los derechos humanos, pero lo hacen a partir de poner en evidencia que existen particularidades que es necesario atender para la búsqueda de la plena dignidad humana y, desde este punto de vista, encierran un supuesto común sobre la necesidad de construir condiciones para alcanzar la igualdad entre distintos sujetos de derecho. Ahora bien, sintéticamente, estas convenciones son el piso normativo internacional con el que contamos para identificar los derechos de los adolescentes de ambos sexos y de las mujeres. Pero lo que encontramos en la realidad son sujetos que participan de, al menos, estas dos características a la vez en algún momento de su vida: *mientras* son adolescentes, *también* son mujeres o varones –entre otras características étnicas, sociales, culturales, económicas, familiares, de orientación sexual, etcétera–. Sus cuerpos cambian, sus relaciones sociales se transforman, sus necesidades se modifican y ello no sólo genera nuevas disposiciones en el plano subjetivo, sino que también conlleva posibilidades, riesgos y restricciones diferenciales para unos y otras. Cabe entonces preguntarse, ¿hasta qué punto el derecho logra brindar herramientas para responder a la simultaneidad de situaciones y necesidades de quienes transitan esta etapa de la vida, con cuerpos en transición sobre los que se inscriben cadenas de significados que, en muchos casos, naturalizan y perpetúan la discriminación basada en el género?

El derecho y la desconstrucción de jerarquías de género

La construcción de relaciones asimétricas entre varones y mujeres ha corrido en paralelo a la positivización del derecho.[16] El reconocimiento de derechos para las mujeres aumentó a partir de la firma de la CEDAW y de distintos cambios en las normativas nacionales. De tal modo, el derecho –o parte de él– ha tenido la oportunidad de operar como un elemento transformador de tales disparidades. En la Argentina, este proceso se profundizó con la recuperación de las instituciones democráticas y tanto la CDN como la CEDAW han adquirido jerarquía constitucional a partir de la Reforma de la Constitución realizada en 1994. Sin embargo, falta bastante por hacer en términos de articulación de derechos reconocidos y diseño de políticas públicas que permitan su puesta en práctica, su ampliación en términos de concreción efectiva (Birgin, 2003). No cabe duda de que las herramientas jurídicas son significativas en tanto delimitan un plano normativo, pero deben ser afianzadas con otro tipo de estrategias políticas y programáticas.

En la Argentina se percibe una tendencia –poco saludable– a pensar en los derechos de las mujeres en términos de personas adultas y en los derechos de los niños en función del género masculino. Así, las leyes orientadas a proteger la capacidad reproductiva de las mujeres y los programas creados por estas leyes, en escasas oportunidades mencionan a las adolescentes como beneficiarias explícitas (entre los ejemplos positivos se encuentra la ley aprobada en la Ciudad de Buenos Aires en el año 2000). Por otra parte, los programas diseñados para dinamizar la

16. La colección de cuatro volúmenes sobre *Identidad, mujer y derecho* dirigida por Haydée Birgin (2000) contiene diversos artículos que iluminan en esta dirección.

participación de adolescentes en los niveles locales, tienden a movilizar recursos para realizar canchas y torneos de fútbol u otras actividades en las que participan mayoritariamente varones y no se detienen en el reconocimiento de la situación de las jóvenes mujeres de manera integral.

Siguiendo a Nancy Fraser (1998), se podría señalar que ni la redistribución de los recursos materiales asegura el cumplimiento de derechos para todos los adolescentes, ni el reconocimiento de jerarquías culturalmente creadas equilibra por sí solo una situación desigual en términos de clase y género. Ambas estrategias deben promoverse de modo articulado.

Mientras los intentos "a medias" se suceden entre sí, los cuerpos de los adolescentes se encuentran expuestos a una serie de riesgos y limitaciones. Centrando nuestra mirada en los factores que llevan a estos cuerpos a la muerte, vemos que la mayor parte de defunciones en jóvenes se asocian con causas ligadas con accidentes de tránsito, suicidios y agresiones, y el 80 % de estas víctimas son varones –más de 4.000 jóvenes de entre 15 y 24 años al año–.[17] Al enfrentarnos con un dato tan contundente sobre las muertes de jóvenes varones en situaciones vinculadas a múltiples formas de violencia, nos encontramos en un escenario donde las identidades y relaciones de género se tornan problemáticas para los hombres. La expectativa de crianza del género masculino supone fuertes dosis de valentía, fuerza, coraje y exposición al riesgo. Los signos inversos, ligados con el temor, la suavidad, la ternura, son percibidos como "debilidad" y, por lo tanto, como característica "femenina" que no suele estimularse en la construcción de masculinidades, como hemos señalado. Al llevar este simbolismo a

17. Fuente: Ministerio de Salud, 1998, 1999, 2000, *Estadísticas Vitales*, Argentina.

su expresión extrema, nos topamos con el protagonismo arrasador que los varones detentan en escenas y escenarios de violencia, tanto en la esfera pública como en la privada.

Ciertamente, la violencia en el ámbito privado es uno de los dispositivos silenciosos que evidencian modelos jerárquicos entre los géneros. Se cristaliza, entre otras cosas, en el número de partos, generalmente como resultado de un abuso sexual, de niñas de entre 10 y 14 años, que no es mucho menor que el de las muertes de jóvenes de edades mayores.[18] Al mismo tiempo, la violencia en el espacio de lo público y las muertes asociadas a él confirman que muchos varones ejercen violencia contra otros varones y, de algún modo, también contra sí mismos. Esto es lo que Michael Kaufman (1989) denomina la "tríada de la violencia" –contra las mujeres, contra otros hombres y contra sí mismos– y, según este autor canadiense, éste es el punto donde radica la paradoja del poder masculino. Sin duda, esta dimensión debería ser atendida a través de políticas adecuadas, pero no es tan claro que esté indicando una situación de vulneración de derechos humanos para los hombres, excepto cuando las muertes de jóvenes se corresponden con casos de "gatillo fácil", como suele llamarse al asesinato realizado por agentes de seguridad estatal.

Mientras tanto, en la Argentina, más de 105.000 mujeres de entre 10 y 19 años dan a luz anualmente y, en los últimos años, entre el 12 y el 14 % de las muertes que se producen por causas relacionadas con el embarazo o el parto –a veces, como efecto de abortos realizados en con-

18. En la Argentina se registran casi 3.000 nacimientos anuales de madres entre 10 y 14 años. Alejandra Pantelides y Marcela Cerrutti (1992) han encontrado que, en general, los padres de estos bebés son mayores de 30 años.

diciones insalubres– corresponden a adolescentes.[19] Aunque esta situación se relacione con la capacidad reproductiva de las mujeres, no se encuentra de ningún modo *escrita en los cuerpos* de las adolescentes. Múltiples investigaciones han dado cuenta de los factores sociales que se vinculan a esta problemática. Como sintetiza un informe reciente:

> [...] la maternidad adolescente es un fenómeno que responde a distintos tipos de factores, entre los cuales se encuentran los cambios culturales vinculados a la sexualidad de las y los jóvenes y las posibilidades de conocimiento y utilización de adecuados métodos anticonceptivos. Estos factores están estrechamente condicionados por la pertenencia social y el nivel educativo de las y los jóvenes (INDEC-UNICEF, 2000: 75).

Existe una serie de condicionantes culturales y económicos que hacen que las mujeres de los grupos sociales más desaventajados continúen portando "imágenes de género" altamente tradicionales (véase Geldstein y Pantelides, 2001). La escasa posibilidad de desarrollo personal y social en otras áreas de sus vidas –educativa, deportiva, artística o cultural–, sumada a un contexto de creciente crisis económica y desempleo, va acompañada de una alta valoración de la maternidad en edades tempranas. Pero además, las adolescentes de clases bajas conocen menos métodos anticonceptivos que las de clase media y los utilizan en menor medida en sus encuentros sexuales. Entre ellas, es más probable que el cuidado –y su falta– quede bajo su responsabilidad, mientras que, entre los jóvenes de clase media, la protección en los encuentros sexuales recae en ambos miembros de la pareja. Por otra parte, las mujeres que detentan estas imágenes tradicionales de género –más

19. Fuente: Ministerio de Salud, 1998, 1999, 2000, *Estadísticas Vitales*, Argentina. Todos estos datos presentan diferencias regionales y sociales altamente marcadas; la mayor proporción de embarazos y de muertes maternas se producen en las provincias más pobres del país.

frecuentes entre las más pobres– probablemente evaden la negociación de preservativos durante el coito, por temor a ser estigmatizadas por sus compañeros, lo que las expone a mayores riesgos, tanto de quedar embarazadas como de contraer enfermedades de transmisión sexual y VIH/sida (véase Geldstein y Pantelides, 2001). En actos de apariencia tan sutil como éste, se concentra un cúmulo de historia cultural que demuestra distintas capacidades en la construcción de autonomía para mujeres y varones y que, lejos de ser liviano, dificulta fuertemente la toma de decisiones sobre el cuidado del propio cuerpo por parte de las jóvenes mujeres.

Tales situaciones, que afectan en la actualidad los proyectos vitales de los adolescentes en función de su género, invitan al diseño de políticas, basadas en el paradigma de derechos humanos, que recuperen el estrecho vínculo entre la particularidad física de los adolescentes mujeres o varones y la simbolización cultural que de ella surge. El cuerpo de las adolescentes será un umbral definitorio pero no exclusivo en la interpretación de sus derechos, particularmente de aquellos vinculados a su salud sexual y reproductiva. De este modo, no puede obviarse la capacidad reproductiva de las mujeres adolescentes si se procura proteger su salud "hasta el más alto nivel posible", como señala la CDN. Pero tampoco se puede asumir que los riesgos relativos a la sexualidad y a la reproducción en la adolescencia pueden ser tratados de un modo meramente clínico, sin incluir aspectos que hacen al desarrollo de su capacidad de decisión, de su voz y de su cuerpo, como también estipulan la CDN y la CEDAW.[20]

20. La CEDAW aborda la cuestión reproductiva desde distintos puntos de vista. En relación con la educación refiere (art. 10.h.) el derecho al acceso a material informativo que incluya información y asesoramiento sobre planificación de la familia. Desde la perspectiva de la salud, en su art. 12.1 y 2, confirma la necesidad de adoptar medidas ne-

Los embarazos durante la adolescencia, así como la dificultad para hacer uso de métodos de protección contra el VIH-sida en las jóvenes de sectores más pobres, constituyen indicadores que muestran la dificultad que tienen las mujeres para el ejercicio de su autonomía y de derechos vinculados a la construcción de una voz propia que pueda fortalecer sus demandas, expresarlas y que sean tenidas en cuenta, tanto en las interacciones interpersonales como en las esferas administrativas y judiciales. Y son escasos los programas y políticas con los que cuentan los adolescentes para promover la superación de estos obstáculos.

Al observar la legislación y las políticas existentes en la Argentina en relación con la protección de la procreación responsable, vemos que en los últimos años se han aprobado leyes de salud reproductiva en catorce provincias, y en muchas de ellas se crearon programas especiales en hospitales públicos (CEDES, 2002).[21] Sin embargo, el grado de implementación de estas disposiciones es muy heterogé-

---

cesarias por parte de los Estados para asegurar el acceso igualitario de hombres y mujeres a los servicios de atención médica, incluyendo los referidos a la planificación familiar. Igualmente, destaca la necesidad de servicios apropiados para la mujer en relación con el embarazo, el parto y el posparto y la nutrición adecuada durante este período. Y, desde la perspectiva laboral, especifica la necesidad de salvaguardar la función de la reproducción e impedir la discriminación de las mujeres por esta razón (art. 11).

21. A la fecha, cuentan con leyes de salud reproductiva las provincias de Córdoba (8535/96), Corrientes (5146/96), Chaco (4276/96), Chubut (4545/99), Jujuy (5133/99), La Pampa (1363/91), La Rioja (7049/00), Mendoza (6433/96), Neuquén (2222/97), Río Negro (3059/96), Santa Fe (11888/01) y Tierra del Fuego (509/00). La Ciudad Autónoma de Buenos Aires también cuenta con una ley (Ley 418 y Ley 439), en la provincia de Misiones se ha sancionado un decreto (92/98) y la provincia de Buenos Aires cuenta con una resolución ministerial (Resolución 5.098/99).

neo y, además, aún existen obstáculos –particularmente ideológicos– para su extensión hacia la totalidad del territorio nacional, lo que conlleva una importante discriminación en el acceso de las mujeres a estos servicios en función de una característica tan aleatoria como su lugar de residencia. Incluso, en ocasiones, pese a la existencia de programas cercanos, se niega la atención en hospitales públicos a las adolescentes que no concurren acompañadas de sus padres, apelando a la normativa sobre patria potestad, que nada indica sobre esta materia. Mientras tanto, las jóvenes económicamente más acomodadas, pueden acceder a la atención de su salud sexual y reproductiva por otros medios, y disponer tanto de información adecuada y oportuna como de métodos de planificación familiar sin tantos requerimientos –con sólo comprarlos en una farmacia, donde nadie les solicita documentos ni la presencia de sus padres–. Este tipo de desigualdades muestran importantes discriminaciones –en términos de clase y género– que condicionan no sólo la inclusión o la exclusión social, sino también la calidad del acceso y el grado de control de los recursos con los que cuentan determinados grupos sociales para la satisfacción de sus derechos. Las escasas políticas públicas que pretenden en la Argentina proteger el derecho de las mujeres a su salud sexual y reproductiva, no reconocen en términos generales la particular situación en la que se encuentran las jóvenes mujeres, especialmente aquellas de menor capacidad económica y capital cultural.

Existe, no obstante, una tensión entre la protección de derechos que respondan a las particularidades de cuerpos e identidades de género, y su riesgo de construir lecturas acerca de la diferencia sexual en términos de "esencias" masculinas o femeninas. Esta tensión nos alerta sobre la importancia de articular lo que Nancy Fraser denomina un "núcleo normativo" que contenga *simultáneamente* políticas de redistribución –ligadas a los recursos económicos– y políticas de reconocimiento –cultural–. De lo que se trata no es de estancar "modelos" que respondan a imágenes de mujeres o de varones construidas en sentidos predeterminados, sino de reconocer la existencia de diferencias entre sujetos con capacidades equivalentes para el logro de la igualdad en todas las esferas de la vida social. Para que ello sea posible será necesario fortalecer la voz y la capacidad de decisión de todos los adolescentes, y a la vez, desconstruir los patrones de valoración desigual de sujetos en términos de clase y género.

Reflexiones finales

En este artículo nos propusimos identificar el lugar que el cuerpo tiene en la construcción de identidades y relaciones de género y en el ejercicio de los derechos humanos durante la adolescencia. Para hacerlo, revisamos inicialmente algunos aspectos centrales en el desarrollo conceptual del género y su vinculación con la dimensión corporal de los seres humanos. Posteriormente, nos adentramos en las dinámicas mediante las cuales el género y el ciclo de vida convergen en la construcción de cuerpos e identidades femeninas y masculinas durante la adolescencia. Destacamos los instrumentos de derechos humanos con los que cuenta el sistema internacional para la defensa y promoción de los derechos en la adolescencia a partir de un enfoque de género y nos preguntamos cuál sería el lugar del derecho en la desconstrucción de jerarquías sociales de género en esta etapa del ciclo vital.

En este recorrido se fueron haciendo presentes dos reflexiones en paralelo. Una referida a la innegable materialidad de los cuerpos masculinos y femeninos y su revelación durante la adolescencia. La otra que encontraba esta materialidad como algo sobre lo cual se había construido un sinnúmero de simbolismos que operaban fuertemente en el desarrollo de cuerpos, subjetividades y relaciones de género durante la adolescencia. En esta etapa de la vida, el "hacerse mujer u hombre" conlleva de un modo casi desmedido la articulación de formas de procesar los cambios corporales y de *in-corporar* las normas de organización social del género. Se afinan las miradas sobre jerarquías, se diferencian los recursos, espacios y actividades de un modo mayor que en la infancia y, en demasiados casos, aparece también la maternidad en etapas tempranas. Durante el recorrido del trabajo, fuimos sosteniendo que la diferencia sexual, revelada durante la adolescencia, de ningún modo supone mandatos tan disímiles para la vida de hombres y mujeres como los modelados por las pautas culturales.

Se sostuvo que el desarrollo del programa de derechos humanos constituye una herramienta útil para superar situaciones de desigualdad, construidas culturalmente, a través de políticas que promuevan, a la vez, una redistribución de recursos y un reconocimiento de diferencias. Se expuso que existen instrumentos jurídicos suficientes para avanzar en esta dirección, pero, si el programa político de los derechos humanos estará –por definición– siempre inconcluso, tanto sus posibles ampliaciones como su cumplimiento dependerán de procesos colectivos inscriptos en contextos histórico-sociales. Los adolescentes pueden y deben ser reconocidos como sujetos con capacidad suficiente para ser tenidos en cuenta en los procesos referidos a su participación y al cuidado de sus cuerpos. Desde este punto de vista, quizás sea necesario fortalecer, especialmente, la autonomía y la construcción de una voz propia en las jóvenes mujeres, situación que les permitiría movilizar recursos y exigir su derecho a una protección integral de su salud sexual y reproductiva y, por consiguiente, construir un presente y un futuro que no se encuentre confinado por la capacidad reproductiva escrita en sus cuerpos.

Bibliografía

AA.VV. (1997): *Derechos humanos de las mujeres: paso a paso. Guía práctica para el uso del Derecho Internacional de los Derechos Humanos y de los Mecanismos para Defender los Derechos Humanos de las Mujeres.* San José de Costa Rica, Instituto Interamericano de Derechos Humanos, Women, Law & Development International, Human Rights Watch Women's Rights Project.

Beauvoir, Simone (1949): *El segundo sexo. Los hechos y los mitos*, Buenos Aires, Siglo XX.

Benería, Lourdes y Gita Sen (1982): "Class and gender inequalities and women's rol in economic development. Theoretical and practical implications", *Feminist Studies*, vol. 8, nº 1.

Birgin, Haydée (comp.) (2000): *Identidad, mujer y derecho*, 4 vols., Buenos Aires, Biblos.

——(2003): "Darle poder a la ley", en Eleonor Faur y Alicia Lamas (comps.), *Derechos universales, realidades particulares. Reflexiones y herramientas para la concreción de derechos humanos de niños, niñas y mujeres*, Buenos Aires, UNICEF (en prensa).

Bobbio, Norberto (1991): "Presente y porvenir de los derechos humanos", en *El tiempo de los derechos*, Madrid, Editorial Sistema.

Borges, J. Luis (1949): "El inmortal", en *El aleph*, Buenos Aires, Emecé.

Bourdieu, Pierre (1998): *La domination masculine*, París, Éditions du Seuil. [Ed. cast.: *La dominación masculina*, Barcelona, Anagrama, 2000.]

Butler, Judith (1982): "Variaciones sobre sexo y género: Beauvoir, Wittig y Foucault", en Marta Lamas (comp.), *El género. La construcción cultural de la diferencia sexual*, México, PUEG/Porrúa, 1996.

Butler, Judith y Ernesto Laclau (1999): "Los usos de la igualdad", "Cuerpo, ley y sujeto", *Debate Feminista*, año 10, vol. 19, México, abril.

CEDES (2002): "Salud y derechos sexuales y reproductivos en Argentina. Salud pública y derechos humanos", en *Notas informativas del CEDES*, nº 1, Buenos Aires, abril.

Consejo Nacional de la Mujer (2001): "Adolescentes: salud sexual y reproductiva. Un abordaje de sus derechos", *Mujer y Salud*, nota técnica nº 3, Buenos Aires (mimeo).

Connell, R. (1995): *Masculinities*, Berkeley, Los Angeles, University of California Press.

Conway, J.; S. Bourque y Joan Scott (1987): "El concepto de género", en Marta Lamas (comp.): *El género. La construcción cultural de la diferencia sexual*, México, PUEG/ Porrúa, 1996.

Correia, M. (1999): *Las relaciones de género en la Argentina. Un panorama sectorial*, Buenos Aires, Banco Mundial.

Di Marco, Graciela (2002): "Relaciones de género y relaciones de autoridad", en *Democratización familiar*, Buenos Aires (mimeo).

Faur, Eleonor (2001): "Mapa estratégico del área mujer y equidad de género", *Documento de Trabajo Nº 1*, Buenos Aires, UNICEF.

——(2002): "Adolescencia, género y derechos humanos", en AA.VV., *Proponer y dialogar. Temas jóvenes para la reflexión y el debate*, Buenos Aires, UNICEF.

Faur, Eleonor *et al* (2003): *Sexualidad y salud en la adolescencia. Herramientas teóricas y pedagógicas para ejercer nuestros derechos*, Buenos Aires, FEIM-UNICEM.

Fraser, Nancy (1998): *La justicia social en la época de la política de la identidad: redistribución, reconocimiento y partici-*

pación, Buenos Aires, Centro de Documentación sobre la Mujer.
García Méndez, Emilio (1998): *Infancia. De los derechos y de la justicia*, Buenos Aires, Editores del Puerto.
Geldstein, R. y E. A. Pantelides (2001): "Riesgo reproductivo en adolescentes: desigualdad social y asimetría de género", *Cuaderno del UNICEF*, nº 8, Buenos Aires, UNICEF.
INDEC-UNICEF (2000): *Situación de las mujeres en la Argentina*, Serie Análisis Social 1, Buenos Aires, Ministerio de Economía, Secretaría de Programación Económica y Regional, Instituto Nacional de Estadística y Censos.
Kabeer, Naila (1994): *Realidades trastocadas. Las jerarquías de género en el pensamiento del desarrollo*, México, Programa Universitario de Estudios de Género, Universidad Nacional Autónoma de México, Paidós.
Kaufman, Michael (1989): "Las experiencias contradictorias del poder entre los hombres", en Magdalena León *et al.* (comps.), *Género e identidad. Ensayos sobre lo masculino y lo femenino*, Bogotá, Tercer Mundo.
Lamas, Marta (1994): "Cuerpo: diferencia sexual y género", *Debate Feminista*, "Cuerpo y política", año 5, vol. 10, México, septiembre.
——(1996a): "Introducción", en Marta Lamas (comp.), *El género. La construcción cultural de la diferencia sexual*, México, PUEG/Porrúa.
——(1996b): "Usos, dificultades y posibilidades de la categoría género", en Marta Lamas (comp.), *El género. La construcción cultural de la diferencia sexual*, México, PUEG/Porrúa.
Lopata, Helene y Barrie Thorne (1978): "Sobre roles sexuales", en M. Navarro y C. Stimpson (comps.), *Sexualidad, género y roles sexuales*, Buenos Aires, FCE, 1999.
Mead, Margaret (1935): "Sex and temperament in three primitive societies", en M. Kimmel y A. Aronson, *The Gendered Society Reader*, Nueva York/Oxford, Oxford University Press, 2000.

Minyersky, Nelly (2003): "Derecho de familia y aplicación de las convenciones internacionales sobre niños y mujeres", en Eleonor Faur y Alicia Lamas (comps.), *Derechos universales, realidades particulares. Reflexiones y herramientas para la concreción de derechos humanos de niños, niñas y mujeres*, Buenos Aires, UNICEF.

Nikken, Pedro (1994): "El concepto de derechos humanos", en *Estudios básicos de derechos humanos*, San José, IIDH.

Olavarría, José (2001): "Invisibilidad y poder. Varones de Santiago de Chile", en M. Viveros, J. Olavarría y N. Fuller, *Hombres e identidades de género. Investigaciones desde América Latina*, CES-Universidad Nacional de Colombia, Colombia.

Olsen, F. (2000): "El sexo del derecho", en Alicia E. Ruiz (comp.), *Identidad femenina y discurso jurídico*, Buenos Aires, Facultad de Derecho, Universidad de Buenos Aires, Biblos.

Pantelides, Alejandra y Marcela Cerruti (1992): "Conducta reproductiva y embarazo en la adolescencia", *Cuaderno del CENEP*, 47, Buenos Aires, Centro de Estudios de Población.

Rubin, Gayle (1975): "El tráfico de mujeres: notas sobre la 'economía política' del sexo", en Marta Lamas (comp.), *El género. La construcción cultural de la diferencia sexual*, México, PUEG/Porrúa, 1996.

Sen, A. (2000): "Desigualdad de género y teorías de la justicia", *Mora. Revista del Instituto Interdisciplinario de Estudios de Género*, nº 6, Buenos Aires, Facultad de Filosofía y Letras, Universidad de Buenos Aires, julio.

Scott, Joan W. (1986): "El género: una categoría útil para el análisis histórico", en Marta Lamas (comp.), *El género. La construcción cultural de la diferencia sexual*, México, PUEG/Porrúa.

UNICEF (2000): "La Convención sobre los Derechos del Niño (CDN) y la Convención sobre la Eliminación de todas las Formas de Discriminación contra la Mujer (CEDAW): Nuevas bases para la formulación de políticas públicas", documento presentado por la Oficina Regional de UNICEF para América Latina y el Caribe en la VIII Conferencia Regional sobre la Mujer, Lima, CEPAL.

UNICEF (2002): *Proponer y dialogar. Temas jóvenes para la reflexión y el debate*, Buenos Aires, UNICEF.

Viveros Vigoya, Mara (2001): "Masculinidades. Diversidades regionales y cambios generacionales en Colombia", en M. Viveros, J. Olavarría y N. Fuller (comps.), *Hombres e identidades de género. Investigaciones desde América Latina*, Bogotá, CES-Universidad Nacional de Colombia.

CAPÍTULO 2

Derechos sexuales y reproductivos de los adolescentes: una cuestión de ciudadanía

María Alicia Gutiérrez

Adolescencia: concepto dinámico e histórico

Alrededor de los años cincuenta, se comenzó a pensar a la adolescencia como una etapa vital, con criterios universales, ubicándola dentro de un "período de transición". Dicha reflexión llevó a situar a esta etapa entre un viejo "paradigma" que está finalizado, "la niñez", y otro, "la adultez", al cual no se ha arribado.

Sin embargo, no hay acuerdo unánime sobre el uso de este concepto, dado que la idea de transición implica un proceso que tiene un inicio y supone el arribo a un momento donde estarían concluidas varias transiciones: de la dependencia infantil a la autonomía adulta, de las dudas respecto del futuro a las certezas de las elecciones, del mundo familiar infantil al mundo público y del trabajo adulto, de los inicios de una elección vocacional a la finalización de dicho proyecto (Aberastury y Knobel, 1999).

El concepto de transición como el de moratoria aplicados a la adolescencia harían referencia a condiciones de estabilidad económica y social, y sobre todo a una pertenencia de clase, donde todas las fases de las transiciones en todos sus aspectos tienen la posibilidad de ser desplegadas. Esto es poco probable para los adolescentes y jóvenes de sectores populares así como para casi todos en condiciones de crisis política, social, económica y de valores como la que transita el capitalismo en la Argentina en los tiempos actuales.

> [...] la juventud es, a la vez, un tiempo de tránsito y un estadio específico, con entidad propia en la vida del individuo, que se presenta cada vez más prolongado y cada vez más diferenciado en las sociedades contemporáneas.
> [...] Por qué, entonces, la juventud sería tránsito y no la infancia o la misma adultez? ¿Acaso hay un lugar claro y definitivo al cual llegar? ¿Por qué habría cambios biológicos y psicológicos tan especiales sólo en este período de la vida y no en otros? Todo da la impresión de que esta definición por la negativa de "período de transición" involucra una fuerte lectura adultocéntrica, enmarcada en relaciones de poder específicas de una sociedad de organización capitalista y patriarcal (Balardini y Miranda, 2000: 135).

Sin embargo, ubicada como grupo humano en un territorio "transicional" y en un "estadio específico", la adolescencia ha tenido escasa atención, tanto desde el campo de los derechos, en términos generales, como desde la salud, en términos específicos.

Existe una importante legislación en la Argentina sobre los derechos de los niños y adultos, pero sólo excepcionalmente la legislación es específica para adolescentes y jóvenes. La ubicación errática como ciudadanos los coloca en una posición de sujetos carentes de derechos en una sociedad que les impone obligaciones.

La exclusión de los adolescentes y de los jóvenes como sujetos portadores de derecho fue parte de la construcción moderna de ciudadanía, la que tenía un solo destinatario: los hombres adultos. En este paradigma, las mujeres, los niños y los adolescentes (construcción conceptual más tardía), constituidos en relación con el orden natural, no formaban parte del orden social. El contrato social fundacional de la ciudadanía (tanto para Jean-Jacques Rousseau como para John Locke, con sus diferencias) se constituyó con la exclusión de las mujeres con el argumento de que "por su naturaleza el hombre pertenece al mundo exterior y la mujer al interior, encajando de esa manera la dicotomía interior-exterior en la dicotomía naturaleza-cultura" (Amorós, 1985). Esta situación de exclusión ha adquirido especial relevancia en la sociedad burguesa capitalista.

Así como las mujeres reaccionaron, en los años de la Revolución Francesa, contra la lógica de la opresión pagando con su propia vida y, en la década de 1960, por poner sólo un ejemplo, plantearon un cuestionamiento radical a la forma en que son estructuradas las relaciones sociales, actualmente los jóvenes cuestionan y reaccionan frente al orden establecido, tanto en los países centrales como en la periferia, con diferentes formas de expresión y manifestación, pagando también, en muchas ocasiones, con su propia vida.

El Mayo del 68 francés y la matanza de Tlatelolco en México son sólo dos hitos fundacionales que mostraron al mundo la aparición en la escena pública de un nuevo sujeto social que, obviamente, existía pero con su condición de ciudadanía denegada. El nuevo sujeto social "juventud" realiza una conquista crucial en su lucha por encontrar su lugar, instituyendo un proyecto de transformación social y político que quiebra el silencio de ese "mundo" en transición que no lograba situarse con un sentido propio.

Las luchas de los años setenta, lideradas y actuadas por jóvenes, tenían como eje la transformación de ese mundo que, en el caso de los países centrales, los confinaba al lugar de sujetos de consumo, los "consumidores" preferenciales del mercado. Este rasgo se acentúa profundamente en los años ochenta, cuando ser "joven" pasó a ser un pasaporte para estar ubicado en el mundo: del silencio a la obscenidad pública, del campo de lo privado (familia) al espacio de lo público (el mercado). Entretanto, un número significativo de jóvenes, en distintos lugares del mundo, luchando por causas diversas, muriendo y desapareciendo, instalaban una presencia por ausencia que los iba a definir, sólo por la condición etárea, como sujetos "peligrosos".

Es en esta presencia conflictiva donde se torna viable la idea que Hannah Arendt definió como el derecho a tener derechos.

> [El derecho a tener derechos] sugiere la existencia de un sujeto que define un proyecto y que tiene posibilidad de participar y tener acción en la esfera política en la cual se toman las decisiones sobre los intereses colectivos, sean éstos de naturaleza privada o pública. La constitución de nuevos sujetos políticos se plantea por lo tanto como un requisito fundamental para la construcción de un nuevo proyecto de "mundo" en el cual la relación entre igualdad y diferencia sea dialécticamente ecuacionada como acción permanente de la historia (Ávila, 1999: 61).

A pesar de ello, los jóvenes no son pensados desde el Estado como sujetos de la política capaces de participar en la toma de decisiones que involucran sus vidas. En el campo de los derechos sexuales y reproductivos no son convocados a participar. Un ejemplo de ello fue la formulación del Plan Nacional de Salud del Adolescente, que se llevó a cabo sin la intervención ni consulta de los jóvenes y adolescentes, a quienes iba dirigido. Por ello, reflexionar sobre las cuestiones planteadas por los nuevos sujetos políticos, entre ellos los adolescentes y jóvenes, sugiere nuevos interrogantes y conflictos a la democracia, al ampliar sus reivindicaciones y sus estructuras de poder y decisión.

> [...] de una forma general, el acceso de los/as recién llegados/as a la ciudadanía implicará siempre la redefinición de la propia ciudadanía y del espacio político-social. Una entidad ya constituida no puede pretender asimilar pura y sencillamente a los/as recién llegados/as sin dejarse cuestionar por ellas y ellos, sin una amenaza de desintegración. La incorporación de los/as recién

llegados/as no es jamás una acción puramente adicional (Collin, 1992: 35).

La demanda por los llamados "nuevos derechos" tiene relación con la aparición en la escena pública de "nuevos sujetos", entre ellos los jóvenes y adolescentes, quienes incorporan la problemática de los derechos sexuales y reproductivos con la especificidad propia de su momento vital.

¿Quiénes son los adolescentes y jóvenes en la Argentina hoy?

La adolescencia y la juventud como categorías sociales toman una dimensión significativa si son situadas históricamente y en relación con coordenadas de clase, etnia y género. En ese sentido, no es posible definir a la juventud como una categoría única y universal sino que se trataría de la existencia de multiplicidad de juventudes, tomando en consideración las dimensiones culturales, políticas, históricas y sociales.

Es importante referirse al concepto de *moratoria*, el que, siguiendo a Margulis, citado por Szulik:

> [...] hace referencia a un período de la vida en que se está en posesión de un plus, de un excedente o crédito temporal, fuera de las responsabilidades de la vida adulta. Sobre la base de dicha moratoria habrán de aparecer diferencias sociales y culturales en el modo de ser joven, dependiendo, entre otras cosas, de la clase y del género (Szulik, 1999: 25).

Ese modo particular de ser joven tomará una dimensión diferencial si se trata de alguien que habita un país en crisis o no, que pertenece a la clase media, baja o alta, que es mujer o varón, indígena o no, negro o blanco, cuya opción sexual está socialmente aceptada o no, etcétera. Volvemos con insistencia a una categoría social que se define por tratarse de sujetos situados históricamente. Dalia Szulik sostiene que en la actualidad la categoría de moratoria –que fue de gran utilidad para pensar la juventud de las décadas de 1970 y 1980– hay que repensarla pues, en las condiciones de la crisis capitalista, no es muy pertinente utilizar categorías globales para analizar situaciones o condiciones parciales o fragmentadas. La existencia de múltiples juventudes o adolescencias mostraría la multiplicidad de realidades que abarcan a una misma etapa, la que no puede ser definida sólo por la dimensión etárea.

El caso del embarazo adolescente es paradigmático en la explicación de las "diferentes juventudes" que conviven en un mismo espacio epocal.

> [...] en Argentina viven casi 9,5 millones de jóvenes de entre 15 y 30 años: un 25,6 % de la población del país. El 38 % de los jóvenes del país viven en la provincia de Buenos Aires. Y suman el 46 % si tomamos en cuenta los de Capital Federal. Sólo la cuarta parte está casada o vive en pareja y el 91 % de los jóvenes de Capital Federal y Gran Buenos Aires vive con sus padres (Voria, 2002: 8).

Estas transformaciones se han desarrollado en el contexto de cierta flexibilización de los roles al interior de la pareja, lo que está ocasionando un proceso de redefinición de la identidad femenina y masculina en la sociedad (Voria, 2002). A su vez, este proceso estuvo acompañado por la posibilidad de separar sexualidad de reproducción, lo que permitió que la sexualidad adquiriera un valor en sí misma.

Las condiciones de crisis colocan a los adolescentes y jóvenes en una posición de extrema vulnerabilidad. Los adolescentes de sectores populares que son desertores o repitentes del sistema escolar institucionalizado refieren que, de ser posible conseguir un trabajo por la vía educativa, volverían a las aulas (Fundación SES, 2002). Esto nos remite a un imaginario aún presente en nuestro país: la asimilación de educación con movilidad social o, más modestamente, la capacitación necesaria para estar incluidos en el sistema. Sin embargo, varios especialistas coinciden en afirmar que la educación no puede ser considerada una política de empleo, menos aún en el corto plazo. "Las diferencias en la educación son un factor determinante para el acceso al trabajo pero no solucionan el problema de la falta de trabajo", en opinión de Alberto Pontoni (2002: 3). El caso argentino es paradójico:

> [De] haber sido un país donde uno de los mecanismos de movilidad social ascendente lo constituyó sin duda la extensión sobre franjas poblacionales crecientes de la educación pública y gratuita en general, y en particular la educación media, en la actualidad las cifras de abandono escolar medio indican que en el universo de jóvenes bajo la línea de pobreza, que es el 70 % de los jóvenes en Argentina, más de siete de cada diez abandonan la escuela secundaria antes de concluir sus estudios (López, 2002: 3).

El impacto de la crisis marca fuertemente a la población adolescente y joven. Esto es posible de ser verificado en los indicadores de educación y ocupación.

> En mayo del año 2002 el 70 % de los jóvenes y adolescentes nacionales era pobre y la tasa de desocupación abierta del tramo entre 15 a 19 años resultó del 46,1 % de la PEA entre 15 y 19 años metropolitana, la más alta jamás captada por la Encuesta Permanente de Hogares, con excepción de la del año 1995 que trepó al 51,8 % (López y Romeo, 2002: 2).

Según Szulik:

> [...] dada la marcada reestructuración del mercado de trabajo en la década de los noventa en nuestro país, que afectó los niveles de empleo y desempleo de todos los sectores de la sociedad, los jóvenes fueron uno de los sectores más afectados por la crisis.

Mientras la tasa de empleo de la población total apenas registró un leve retroceso entre 1991 y 1999, entre los jóvenes de 15 a 19 años se derrumbó del 28,2 al 18,3 %. En otras palabras, muchos jóvenes no lograron ingresar al mercado de trabajo (nuevos trabajadores) y otros perdieron el empleo que tenían. El 36 % de los adolescentes y el 19 % de los jóvenes tienen empleos inestables (contratos temporarios, changas, de duración desconocida) (SIEMPRO, s/f, en Szulik, 1999: 28).

Un fenómeno a considerar del escenario de crisis con

> [...] carencias combinadas es el crecimiento notable de la población de jóvenes y adolescentes entre 15 y 24 años que ya no estudian, no consiguen ni buscan empleo, ni colaboran con tareas en el hogar (en el caso de las mujeres no son amas de casa y los varones no ayudan a familiares), estando entonces en inactividad absoluta. Son alrededor del 17,2 % de los jóvenes a nivel nacional (López y Romeo, 2002: 4).

Esta situación coloca a los adolescentes y jóvenes en "circunstancias socioambientales muy complejas, donde los mecanismos normales para una adecuada inserción social vía escolarización u ocupación están quebrados" (López y Romeo, 2002: 7).

La violencia (sexual, doméstica y social), la droga, el alcoholismo y otras adicciones son temas recurrentes en la cosmovisión juvenil que adquieren una dimensión problemática en algunos grupos sociales o que son considerados como parte de la normalidad en muchos otros.

En una investigación sobre programas de salud reproductiva para adolescentes desarrollada en el CEDES, varias adolescentes de sectores populares entrevistadas en servicios de salud del sistema público perciben a la violencia sexual, doméstica y social como un grave problema y una preocupación que afecta al conjunto de la sociedad y no sólo a los jóvenes. También la investigación registró el embarazo no deseado como una situación de violencia hacia la mujer. Establecieron una interesante correlación entre el crecimiento de la violencia social con la falta de educación, la discriminación y la marginalidad, haciendo referencia a la condición de joven como un elemento que predispone a la discriminación y a la marginación de manera más intensa y notoria que al resto de la sociedad. Estas percepciones tienen similitud con estudios realizados en grupos de jóvenes y adolescentes de sectores populares.

Se advierte la representación de "peligroso" que se adosa a la condición de joven. "El rol de los adultos, dado que no pudieron hacerse cargo responsablemente de los jóvenes, es un dato crucial para los adolescentes entrevistados, en el incremento de la violencia, de la droga y del alcoholismo" (Gutiérrez *et al.*, 2001: 25)

Con relación a las adicciones, los adolescentes asocian la crisis social, política y económica con el incremento del consumo drogas y alcohol. Son identificados como flagelos sociales, como componentes diferenciales de acuerdo con la subjetividad y la historia de cada persona. En ese sentido, serían las diferentes acciones colectivas, en las cuales los jóvenes y adolescentes deberían estar involucrados, lo que ayudaría a hacer frente al flagelo que las adicciones provocan en los jóvenes. También establecieron una correlación entre el nivel educativo y la proliferación y el consumo de drogas, con el consiguiente riesgo del incremento del sida, adjudicado más al consumo de drogas que a la falta de protección sexual. Habría que cambiar la "mentalidad del mundo", en la opinión de las adolescentes entrevistadas, para que los indicadores de consumo de droga, alcohol y contagio de sida disminuyan (Gutiérrez *et al.*, 2001).

La "ruptura" del tejido social, junto con la fragmentación y los mecanismos inexistentes para la inserción social de los adolescentes y jóvenes, debe ser considerada como un aspecto importante al analizar fenómenos como la drogadicción, los embarazos no deseados, el aborto no seguro, el sida y la participación creciente en hechos delictivos y violentos.

El campo de los derechos sexuales y reproductivos de los adolescentes

Los derechos sexuales y reproductivos de los adolescentes están contemplados en la Convención sobre la Eliminación de Todas las Formas de Discriminación contra la Mujer (CEDAW) y en la Convención Internacional de los Derechos de Niños y Adolescentes. Ambos tratados están incorporados en el cuerpo de la Constitución Nacional a partir de la Reforma del año 1994 y constituyen un importante instrumento para el ejercicio de los derechos sexuales y reproductivos como derechos humanos.

En la CEDAW existen dos artículos (12.1 y 16) que se refieren a la responsabilidad de los Estados tanto a adoptar las medidas necesarias para la eliminación de la discriminación –igualando las condiciones de varones y mujeres para acceder a los servicios de salud, incluyendo los de planificación familiar– como a garantizar el derecho a elegir libremente el número de hijos, el intervalo intergenésico y el acceso al conocimiento y la información. Estas consideraciones generales se refieren, obviamente, a las jóvenes y las adolescentes, dado que se explicita la importancia de asignar recursos para la formulación de programas para adolescentes que incluyan todas las problemáticas que hacen a la salud sexual y reproductiva.

De acuerdo con la Convención Internacional de los Derechos del Niño y la Adolescencia, en su artículo 24, se reconoce:

> [El] derecho del niño al disfrute del más alto nivel posible de salud [...]. De acuerdo con el informe del Consejo Nacional de la Mujer "los Estados asegurarán la plena aplicación de ese dere-

> cho adoptando medidas apropiadas para: reducir la mortalidad infantil y en la niñez; prestación de la asistencia médica y la asistencia sanitaria que sea necesaria a todos los niños, haciendo hincapié en la atención primaria de la salud; asegurar atención primaria prenatal y posnatal apropiada a las madres; desarrollar atención sanitaria preventiva, la orientación a los padres y la educación y servicios en materia de planificación familiar (Consejo Nacional de la Mujer, 2001: 6)".

Por lo tanto, el derecho de los adolescentes a poseer la atención adecuada respetando el ejercicio de su sexualidad es considerado un derecho humano básico.

A su vez, tanto las Plataformas de Acción de la Cumbre Mundial de Población y Desarrollo (El Cairo, 1994) como la Plataforma de Acción de la Cumbre Mundial de la Mujer (Beijing, 1995) establecen claramente los lineamientos para el respeto de los derechos sexuales y reproductivos de los adolescentes y jóvenes.

En el orden nacional, no existen programas ni legislación específica para los adolescentes en el campo de los derechos sexuales y reproductivos. Las leyes de salud reproductiva tanto provinciales como nacionales, con expresiones diversas, tuvieron obstáculos importantes para su sanción –y posterior implementación– por el intento de no integrar a los adolescentes como sujetos de derechos. El argumento del derecho de los padres al ejercicio de la patria potestad, lo que implica para los adolescentes la necesidad de la autorización paterna para el acceso al ejercicio de sus derechos sexuales y reproductivos, es un punto crítico del debate con los sectores conservadores. Esta situación pone en evidencia la limitada ciudadanía que están autorizados a ejercer los jóvenes: a partir de los 18 años pueden participar de la elección de sus representantes –lo que presupone un alto grado de responsabilidad–, pero deben esperar hasta los 21 años para ser responsables y autónomos en el ejercicio de su sexualidad. Esto evidencia la puesta en situación de riesgo de un grupo etáreo que no se le permite hacer uso de su derecho de ciudadanía.

La existencia de una alianza conservadora entre diversos gobiernos y la Iglesia Católica en materia de derechos sexuales y reproductivos fue uno de los mayores obstáculos para el desarrollo de leyes, reglamentaciones y programas para adolescentes. Por ello, el único programa a nivel nacional en el campo de la salud que los considera en su especificidad es el Plan Nacional de Salud.[1] En el Plan Nacional de Salud del Adolescente, que fue creado y diseñado por el Ministerio de Salud y Acción Social en el año 1993 (Secretaría de Salud de la República Argentina), existe un pequeño capítulo que hace mención a la cuestión de los derechos sexuales y reproductivos dentro de la salud integral del adolescente. El apartado sobre salud reproductiva refiere a varones y mujeres, y especifica la necesidad de promover la responsabilidad en sexualidad y procreación en ambos sexos así como el acceso a la información, poniendo en claro que esto es "un aspecto especialmente olvidado de la atención de los adolescentes".

Siguiendo a Gutiérrez *et al.* (2001), el propósito del plan es "promover y proteger la salud del adolescente a través de una creciente cobertura y cantidad de servicios" (MSAS, 1993, citado en Gutiérrez *et al.*, 2001). Por ello es crucial hacer uso de todos los recursos y potencialidades, para lograr la salud integral de los adolescentes "mediante la prevención de riesgos y daños prioritarios" (Gutiérrez *et al.*, 2001: 31).

Se explicita que los adolescentes deberían tener acceso a la información para un "manejo responsable de su sexuali-

1. Este capítulo sigue los lineamientos generales del informe de investigación *Programas de salud reproductiva para adolescentes. El caso de Buenos Aires*, llevado a cabo por María Alicia Gutiérrez, Mónica Gogna y Mariana Romero. Se realizó una investigación comparada con Brasil y México bajo la coordinación de la licenciada Mónica Gogna del CEDES.

dad" y se reconoce la importancia de que los servicios tengan un adecuado nivel de calidad de atención en relación con las necesidades de los adolescentes. El plan no está formulado en un lenguaje de derechos y no hace referencia a la cuestión de género. Sin embargo, está presente la importancia de desarrollar la educación, el trabajo, la participación y la recreación, entre otras cosas, incorporando los aspectos sociales, económicos y culturales como aspectos cruciales de la salud integral. En cuanto a la educación y a la información de los adolescentes, se plantea que:

> [...] los adolescentes deben contar con un servicio de información, con espacio en los medios masivos de comunicación debiendo ser orientados para un ejercicio responsable de su sexualidad (Gutiérrez *et al*, 2001: 92).

En relación con las normas y las prácticas que garantizan la libre elección de las mujeres, el plan reconoce la importancia, entre los adolescentes de ambos sexos, de que sus "decisiones, cuando ellas son fruto de una cuidadosa evaluación (la iniciación de relaciones sexuales, casamiento, dar un hijo en adopción, etc.), sean respetadas" (Gutiérrez *et al.*, 2001: 92). Sin embargo, el plan no hace ninguna mención específica a la problemática de la anticoncepción.

> [...] hay referencias a la importancia de esa etapa vital y la necesidad de ser correctamente atendidos, respetando su tiempo y privacidad. En el Plan no se formulan referencias sobre el derecho de las mujeres en relación con la autonomía en la toma de decisiones sobre sus pautas reproductivas. Los derechos reproductivos no fueron especificados, en el Plan Nacional, como derechos humanos básicos. Esta carencia estaría en contradicción con la Convención por los Derechos del Niño (que forma parte de nuestra Constitución Nacional desde el año 1994) como así también con la Plataforma de Acción de El Cairo y la de Beijing (Gutiérrez *et al.*, 2001: 33).

La existencia del Plan Nacional de Salud Integral del Adolescente marcó un hito importante al otorgarle estatuto de sujeto de derechos a los adolescentes y al focalizarse en la atención de la salud integral. Pese a este importante avance, falta aún recorrer un largo camino para que ello sea realidad en la vida cotidiana de los jóvenes y adolescentes.

La salud sexual y reproductiva: el impacto en los cuerpos

Pensar en los derechos sexuales y reproductivos es introducirse básicamente en la dimensión del cuerpo. El cuerpo –lo que comemos, cómo nos vestimos, los rituales diarios a través de los cuales nos cuidamos– es un agente de cultura, una poderosa forma simbólica, una superficie en la cual las normas centrales y las jerarquías son inscriptas. El cuerpo puede funcionar como una metáfora de la cultura. El cuerpo es también, entre otras cosas, como sostienen Pierre Bourdieu (2000) y Michel Foucault (1984), un lugar práctico y directo de control social. A través de los ritos cotidianos, el cuerpo se hace cuerpo y sobre él se aplican las normas y las reglas de la vida social.

La dimensión del cuerpo es crucial en la adolescencia y en la juventud debido al imperativo de las transformaciones que se producen, tanto en varones como mujeres, consecuentemente con los cambios en el ejercicio de la sexualidad. La existencia o no de derechos sexuales y reproductivos marca fuertemente el cuerpo de las personas y de manera más profunda en los adolescentes y jóvenes, ya que la carencia de dichos derechos impacta en su subjetividad y en las relaciones con los pares.

Los adolescentes son percibidos –tanto por ellos mismos como por la concepción biomédica– como carentes de problemas de salud, y se define a esa etapa de la vida como de baja morbilidad. Es un período donde los temas de salud sexual y reproductiva, aunque importantes, no tienen la consideración que se merecen, dado que refieren al ejercicio de la sexualidad. Entre ellos, merecen especial atención los relativos al embarazo, al aborto, a la anticoncepción, al HIV/sida, y a las ITS.

Embarazo

La problemática del embarazo adolescente es uno de los indicadores de la carencia del ejercicio de los derechos sexuales y reproductivos en los jóvenes. Una referencia acerca de la magnitud del problema: la fecundidad adolescente en nuestro país es relativamente alta en relación con el nivel general de fecundidad.

> [...] en ascenso durante la década de 1970, la fecundidad adolescente alcanzó su pico máximo en 1980, para comenzar luego a descender. La fecundidad adolescente total descendió del 38,7 por mil en 1980 al 31,7 por mil en 1995. [...] entre 1980 y 1995 la fecundidad tardía (jóvenes de 15 a 19 años) descendió en todas las provincias (Weller, 2000: 3).

De todos modos, como nos advierte Weller, es necesario tener en claro las sustantivas diferencias que existen entre las provincias con mayor grado de desarrollo y las de mayor incidencia de la pobreza.

En el país hay alrededor de 700 mil nacimientos, de los cuales alrededor de 100 mil corresponden a mujeres menores de 20 años. Las cifras oficiales dan una muestra de la magnitud del fenómeno: el 10 % de las adolescentes entre 15 y 19 años son madres o están embarazadas; más del 80 % de esas adolescentes pertenecen al 40 % de los hogares más pobres; el 16 % de las adolescentes que ya han sido madres tienen dos o más hijos en su corta vida reproductiva (*La U*, 2002b: 5).

En la investigación cualitativa *Programas de salud reproductiva para adolescentes. Los casos de Buenos Aires, México D.F. y San Pablo*, coordinada por el CEDES, se detectó que el embarazo es una preocupación entre las jóvenes dado que poseen escasa información sobre anticoncepción. Esto significa que por su vida sexual activa, tienen conciencia del riesgo de pasar por la situación de un embarazo no deseado. La cosmovisión respecto de un embarazo no buscado y las soluciones posibles frente a él difieren sustantivamente de acuerdo con la condición social y el nivel educativo. Existen percepciones diferenciales respecto de la maternidad adolescente: en algunos casos, las adolescentes la viven como la única forma de tener algo propio y así articular un proyecto de vida. En otros casos, se visualiza como un impedimento para seguir construyendo un proyecto vital donde la presencia y la responsabilidad de un hijo pondría barreras para continuar con las actividades desarrolladas hasta ese momento, básicamente el estudio.

En las adolescentes existe el registro de la importancia de compartir las decisiones reproductivas con el varón, pero también una fuerte conciencia de la falta de compromiso del hombre, evidenciado en la deserción de su responsabilidad no sólo ante un embarazo no deseado sino ante la conducta anticonceptiva. En el embarazo adolescente es fundamental considerar los factores psíquicos, sociales y culturales que conforman en muchas adolescentes:

> [...] una subjetividad tan proclive a la validación de su femineidad y de su adultez por medio de un embarazo que, paradójicamente, las coloca en una situación de desamparo mayor que el de su niñez-adolescencia, que deben abandonar (Checa y Rosenberg, 1996, citado en Durand y Gutiérrez, 1998: 28).

Aborto

La interrupción voluntaria del embarazo en la Argentina es ilegal, por esta razón no se pude conocer con exactitud el número de abortos que se practican realmente.[2] Diversas fuentes calculan que en el país se practican alrededor de 350.000 a 400.000 abortos anuales. El Consejo Nacional de la Mujer dio como cifra estimada 325.000 abortos anuales, lo que supone un aborto cada dos nacimientos. Una cifra similar (350.000 a 400.000) es mencionada por Checa y Rosenberg (1996). Vinacur y Cortigiani (1987) sugieren que uno de cada cinco embarazos culmina en un aborto voluntario. Entre estos datos no es posible discriminar el número que corresponde a madres adolescentes.

La mayoría de las jóvenes entrevistadas en el estudio realizado por CEDES dijeron estar en contra del aborto como solución a un embarazo no deseado. Las argumentaciones son similares a las instrumentadas por la Iglesia Católica: la defensa del origen de la vida desde la concepción hasta la muerte natural. Más allá de las convicciones religiosas de las adolescentes –que no lo refirieron como estructurante de su marco ético y normativo– las apreciaciones mostrarían el impacto de los medios de comunicación en la construcción de un discurso antiabortista como articulador de un sentido común que no parece coincidir con las prácticas sociales. Dicha enunciación está en contradicción con el uso irregular de métodos anticonceptivos. En las consideraciones de las adolescentes se vislumbra, por un lado, una posición de condena moral por el ejercicio de la

2. El Código Penal establece sólo dos causales de despenalización: si el aborto se realiza con el fin de evitar un peligro para la vida o la salud de la madre, siempre que este peligro no pueda ser evitado por otros medios, y si el embarazo proviene de una violación o de un atentado al pudor cometido sobre una mujer "idiota o demente" (Código Penal, Libro Segundo, Título I, cap. I, art. 86).

sexualidad: el embarazo sería el precio a pagar por el placer; por lo tanto, el aborto no es considerado como la solución a los embarazos no deseados. Por otro lado, hay una insistente recurrencia al temor de enfrentar un aborto sin condiciones de seguridad, dada la condición jurídica de ilegalidad y los consiguientes riesgos físicos y psicológicos.

Anticoncepción

Uno de los rasgos significativos de nuestro país es el uso generalizado entre las mujeres de todas las edades de algún método anticonceptivo para la regulación de la fecundidad, lo que explica, en parte, la temprana transición demográfica. A pesar de ello, el acceso a los métodos de anticoncepción está, como otros temas de la salud sexual y reproductiva, cruzado por la inequidad que produce la discriminación en los sectores sociales más carenciados.

Las adolescentes son un grupo de marcada inequidad en el acceso a los métodos anticonceptivos. Por un lado, por la dificultad de asumir el ejercicio de la sexualidad con responsabilidad pero, por otro, por la carencia de información y acceso al conocimiento y provisión de los métodos. "Las adolescentes y las mujeres pobres de nuestra sociedad son las más afectadas por la falta de oportunidades para acceder a métodos seguros y efectivos" (CEDES, 2002: 5). En un estudio cualitativo realizado por Díaz Muñoz *et al.* (1996) se analizan los métodos anticonceptivos utilizados por las adolescentes de acuerdo con la siguiente distribución: píldoras (52 %), preservativo (34 %), abstinencia (20 %), dispositivo intrauterino (3 %), diafragma (0,3 %), otros métodos (4 %) (CEDES, 2002: 5).

Para las adolescentes entrevistadas, la anticoncepción es un tema relevante, a pesar de que poseen escasa información e importantes dificultades para acceder al conocimiento de los diferentes métodos y estrategias para evitar los embarazos no deseados. Consideran a los servicios de salud como un "buen lugar", pues pueden proveerles información y a su vez anticonceptivos orales de manera gratuita. Existe registro de la importancia del uso de métodos anticonceptivos, aunque no siempre se correlaciona con las estrategias de cuidado desplegadas, dado que un rasgo de la etapa vital es tener una conducta ambivalente respecto de los métodos indicados. Los servicios de salud refieren que, aun cuando les imparten información y se les indica algún método, no hay garantía en la continuidad del uso. Si bien las adolescentes tienen más probabilidades de acceder a los anticonceptivos orales no tienen clara conciencia de la importancia del uso del preservativo y de la doble protección. Estas consideraciones no difieren demasiado del estudio realizado por Geldstein en Pantelides y Domínguez (1993) sobre actitudes y conductas de riesgo asociadas con el conocimiento y uso de métodos anticonceptivos. Las autoras sostienen que un número muy escaso de jóvenes desconoce la existencia de métodos anticonceptivos; sin embargo, hay importantes diferencias de clase social en su uso consecuente. Las preocupaciones por el uso de anticonceptivos difieren por clase social y por género: en sectores populares, las mujeres parecen estar más preocupadas por el embarazo no deseado en tanto los varones por las ITS y el sida.

> [...] las actitudes de las y los adolescentes parecen reproducir dos modelos diferentes de relaciones de pareja –y de relaciones intrafamiliares– vigentes en la sociedad: relaciones más democráticas en sectores de clase media y relaciones más asimétricas y ajustadas al modelo patriarcal en los sectores populares (Geldstein, e Infesta Domínguez, 1993: 65).

Sida y enfermedades de transmisión sexual

En palabras de Bronfman y Herrera, "la pandemia del sida está destruyendo la vida y los medios de vida de millones de personas en el mundo" (Bronfman y Herrera, 2002: 61), siendo los jóvenes y los pobres los grupos más vulnerables frente al flagelo. Las "condiciones sociales del riesgo" se asientan en estructuras sociales y económicas desiguales donde la clase y el género, entre otras dimensiones, refuerzan la inequidad en las condiciones de posibilidad de contraer la enfermedad. Las pobreza, la falta de recursos en el acceso a los medicamentos y la condición de género incrementan la vulnerabilidad.

En la Argentina, el grupo de mujeres adolescentes y jóvenes entre los 13 y los 24 años es el segundo más afectado por el contagio del virus.

> Si tenemos en cuenta que la infección por VIH se produce entre 8 y 10 años antes de la aparición del sida (tiempo durante el cual la persona puede ser un portador sano), resulta evidente que una importante proporción de los casos femeninos se estaría infectando durante la adolescencia (CEDES, 2002: 9).

Numerosos estudios cualitativos dan cuenta de las condiciones de riesgo a los que se ven sometidos los adolescentes por la falta de información y la carencia de políticas públicas que los incluyan en su formulación e implementación. Se aprecian dificultades en implementar servicios de salud cuya calidad de atención contemple el criterio de la doble protección como un comportamiento de cuidado. En ese sentido, el sida es visualizado, por las adolescentes entrevistadas en el estudio del CEDES, como uno de los factores de riesgo más importantes de la salud porque se está poniendo en juego la supervivencia. Los adolescentes conocen la existencia de la enfermedad por diversos medios, lo cual no quiere decir que tengan la información adecuada; sin embargo, no son convocados a formular las estrategias necesarias para prevenir el contagio. En general, los entrevistados tienen desconocimiento sobre cuáles son las enfermedades de transmisión sexual (excepto VIH/sida), sus formas de contagio, sus consecuencias y la importancia de ser tratadas adecuadamente. Las enfermedades de transmisión sexual no son percibidas como una preocupación de salud; por lo tanto, la información que sólo algunos poseen es muy confusa y suelen asociar estas enfermedades con formas poco convencionales de sexualidad (Gutiérrez *et al.*, 2001).

Consideraciones finales

La adolescencia es una etapa de crisis atravesada por conflictos, dudas e inquietudes, que implica una redefinición en la identidad, en las relaciones con los pares y la familia (Schufer, 1988 y Siebert, 1999). Se redefinen los vínculos con el mundo social así como se manifiestan importantes cambios físicos, hormonales, psíquicos y emocionales.

Los adolescentes proponen desafíos en el marco de determinadas estructuras económicas, sociales y culturales. Por ello la sexualidad del adolescente se inscribe en una constelación de concepciones y valoraciones que impregnan la cultura a la cual pertenece, siendo sumamente importante garantizar e instrumentar los medios necesarios para el acceso al cuidado y la información que les permita desarrollar una sexualidad plena.

Es importante interrogarse por qué los jóvenes son visualizados como grupos de riesgo o grupos vulnerables cuando se trata de los derechos sexuales y reproductivos, y son situados como parte del problema y no como un ser jóven-protagonista. Tanto en la elaboración de políticas públicas como en las legislaciones es imprescindible la incorporación de los actores jóvenes para delinear las estrategias que permitan enfocar sus problemas desde su propia interpretación. Es imprescindible construir las mediaciones necesarias entre los puntos de vista de los jóvenes que tienen diferencias con la visión de los adultos.

Por ello, no podemos menos que coincidir con María Betania Ávila:

> [...] la importancia de los derechos sexuales y reproductivos en lo cotidiano es justamente la de garantizar condiciones legales y materiales para las mujeres y los hombres (agregaría a los jóvenes y adolescentes) en sus elecciones reproductivas y sexuales, pero como un instrumento que habilita y autoriza esa posibilidad y que trae, en la práctica, la exigencia de transformaciones de las desigualdades, una vez que esos hechos no suceden en contextos vacíos de significado social. Suceden como parte de relaciones sociales, en los contextos cultural, económico y político que les dan significado y están regidos por relaciones de poder. Por eso no se trata sólo de obtener mecanismos, derechos legalizados, sino que implica también una reestructuración de relaciones sociales y cambios simbólicos (Ávila, 1999: 77 y 78).

Nada más acertado para pensar la realidad y las condiciones de posibilidad de los adolescentes y jóvenes, lo que redundará, sin lugar a dudas, en una mejor calidad de vida, en principio para ellos mismos, pero sobre todo para el conjunto de la sociedad en relación no sólo con el presente sino con las potencialidades del futuro.

Bibliografía

Aberastury A. y M. Knobel (1999): *La adolescencia normal. Un enfoque psicoanalítico*, Buenos Aires, Paidós.

Amorós, Celia (1994): *Feminismo, igualdad y diferencia*, México DF, Universidad Nacional Autónoma de México.

Arendt, Hannah (1993): *La condición humana*, Buenos Aires, Paidós.

Ávila, María Betania (1999): "Feminismo y ciudadanía: la producción de nuevos derechos", en Lucila Scavone (comp.), *Género y salud reproductiva en América latina*, Costa Rica, LUR.

Balardini, S. y A. Miranda (2000): "Juventud, transiciones y permanencias", en *Pobres, pobreza y exclusión*, Buenos Aires, CEIL.

Bourdieu, Pierre (2000): *La dominación masculina*, Barcelona, Anagrama.

Bronfman, M. y C. Herrera (2002): "El VIH/sida: una perspectiva multidimensional", en S. Ramos y M. Gutiérrez (comps.), *Nuevos desafíos de la responsabilidad política*, Buenos Aires, CEDES, Foro de la Sociedad Civil en las Américas, Cuadernos del Foro n° 5, año 4.

CEDES (2002): *Salud y derechos sexuales y reproductivos en la Argentina: salud pública y derechos humanos*, Buenos Aires (mimeo).

Código Penal, Libro Segundo, Título I, cap. I, art. 86.

Collin, Françoise (1992): "La Démocratie est-elle démocratique?", en *La Société des Femmes*, Bruselas, Les cahiers du Grif, Editions Complexe.

Consejo Nacional de la Mujer (2001): *Adolescentes: salud sexual y reproductiva. Un abordaje de sus derechos*, Buenos Aires, Mujer y Salud, ficha técnica n° 3.

Checa, S. y M. Rosenberg (1996): *Aborto hospitalizado. Una cuestión de derechos reproductivos, un problema de salud pública*, Buenos Aires, El Cielo por Asalto, Foro por los Derechos Reproductivos, ADEUEM.

Díaz Muñoz, R. *et al.* (1996): "Comportamiento reproductivo de las adolescentes", en *Infancia y condiciones de vida*, Buenos Aires, INDEC.

Dehne, K. y G. Riedner (2001): "Adolescence, a dynamic concept", *Reproductive Health Matters*, vol. 9, n° 17, mayo.

Durand, T. y M. Gutiérrez (1998): "Cuerpo de mujer: consideraciones sobre los derechos sociales, sexuales y reproductivos en la Argentina", en Bianco M. *et al.*: *Mujeres sanas, ciudadanas libres (o el poder para decidir)*, Buenos Aires, FNVAP, FEIM, CLADEM y Foro por los Derechos Reproductivos.

Foucault, Michael (1984): *Historia de la sexualidad*, t. 2, Buenos Aires, Fondo de Cultura Económica.

Fundación SES (2002): *Informe encuesta sobre educación y trabajo en jóvenes*, Buenos Aires.

Geldstein, R.; A. Pantelides y G. Infesta Domínguez (1993): "Imágenes de género y clase social en las conductas reproductivas de los adolescentes", en *Taller de Investigaciones Sociales en Salud Reproductiva y Sexualidad*, Buenos Aires, CEDES, CENEP.

Gutiérrez, María Alicia *et al.* (2001): "Estudio de caso. Programas de salud reproductiva para adolescentes en Buenos Aires, Argentina", en Mónica Gogna (coord.), *Programas de salud reproductiva para adolescentes. Los casos de Buenos Aires, México D.F. y San Pablo*, Buenos Aires, Consorcio Latinoamericano de Programas en Salud Reproductiva y Sexualidad, CEDES.

Gutiérrez, María Alicia (2001): "Género, cuerpo y salud: reformulando conceptos", ponencia presentada en las IV Jornadas de Salud y Población, Buenos Aires, Instituto de Investigación Gino Germani, 8 al 10 de agosto.

La U (2002a): "No estudian ni pueden trabajar", Buenos Aires.

—— (2002b): "Sólo sé que sé poco y nada sobre mí", Buenos Aires.

López, Artemio (2002): "Un abandono que crece", *La U*, Buenos Aires, octubre.

López, A. y M. Romeo (2002): *Jóvenes entre 15 y 24 años, máximo nivel educativo, desocupación abierta e inactividad absoluta*, Buenos Aires, Consultora Equis.

Parrini Roses, R. (2001): *Paternidad en la adolescencia: estrategias de análisis para escapar del sentido común ilustrado. Explorando la cuadratura del círculo*, Santiago de Chile, FLACSO (mimeo).

Pontoni, Alberto (2002): "El carro va detrás del caballo", *La U*, Buenos Aires.

Rousseau, Jean-Jacques (1982): *Del contrato social. Discursos*, Madrid, Alianza, 1982.

Schufer, M. (comp.) (1988): *Así piensan nuestros adolescentes*, Buenos Aires, Nueva Visión.

Siebert, M. S. (1999): "¿El adolescente ha cambiado?", en *Dossier de Hemeroteca y convocatorias del Programa Nacional de Información y Documentación Juvenil*, Buenos Aires (mimeo).

Szulik, Dalia (1999): *Políticas de juventud: un estudio sobre el caso argentino*, tesis de maestría en Ciencia Política, Instituto de Altos Estudios Sociales, Universidad Nacional General San Martín (mimeo).

Tonkonoff, S. (2000): *En busca de la normalidad perdida. Estrategias juveniles de reproducción en el Gran Buenos Aires*, Buenos Aires, UBA/CONICET (mimeo).

Vinacur, J. y M. R. Cortigiani, (1987): *La mortalidad materna en la Argentina*, Buenos Aires, MSAS, Programa Nacional de Estadísticas de Salud, serie 8, n°4.

Voria, Andrea (2002): *La conducta sexual de los adolescentes*, tesis de licenciatura, Carrera de Sociología, Universidad del Salvador, Buenos Aires (mimeo).

Weller, S. (2000): "Salud reproductiva de los/as adolescentes", en María Coleta Oliveira (org.) *Cultura, Adolescencia y Saúde*, Consorcio Latinoamericano de Programas em Saúde Reprodutiva e Sexualidade, NEPO, UNICAMP, marzo.

CAPÍTULO 3

Coerción, consentimiento y deseo en la "primera vez"[1]

Rosa N. Geldstein y Edith A. Pantelides

Introducción. ¿Qué es la coerción sexual?

La coerción[2] sexual –una violación de los derechos de las personas, así como una potencial fuente de daño para su salud física y psíquica– es un fenómeno frecuente en todas las sociedades y grupos sociales. Su estudio, sin embargo, no es fácilmente abordable debido a las dificultades que se encuentran para su definición y su medición. Estas dificultades son de índole tanto teórica como metodológica.

La coerción sexual ha sido presentada –y con razón– como un problema de salud de las mujeres. Ello no se debe a que sean solamente las mujeres quienes la sufren, sino al hecho de que son sus víctimas más frecuentes y que sus efectos son más dañinos para las mujeres que para los varones, según surge de los resultados de diversos estudios.

1. En este trabajo se presentan resultados parciales de una investigación financiada por la Fundación Andrew Mellon a través de un concurso de proyectos organizado por el Center on Population, Gender and Social Inequality de la Universidad de Maryland. Este estudio no hubiera sido posible sin la valiosa colaboración de las doctoras Nilda Calandra y Sandra Vázquez.

2. Usamos la palabra "coerción" pues es la que aparece con mayor frecuencia en la literatura, aunque la palabra correcta en castellano es "coacción".

La mayor parte de las investigaciones sobre el tema provienen de los Estados Unidos y, entre ellas, la mayoría fue hecha en la población universitaria (por ejemplo, Cochran, Frazier y Olson, 1997; Lottes y Weinberg, 1996; Ryan, 1998). Así, lo que estas investigaciones muestran no puede ser extrapolado mecánicamente a la población general y, aún menos, a la población argentina. La investigación sobre el tema en América latina es escasa: el trabajo de Prada-Salas, Flórez y Méndez (1995), sobre mujeres en Bogotá, y el de Cáceres, Marín y Hudes (2000), sobre mujeres y hombres en Lima, son las excepciones. La información presentada en este capítulo es producto de la primera investigación empírica sobre coerción sexual que se ha llevado a cabo en la Argentina.

En la mayoría de las investigaciones sobre el tema se ha encontrado que las mujeres son víctimas de este tipo de coerción con mayor frecuencia que los hombres (Cáceres, Marín y Hudes, 2000; O'Sullivan, Byers y Finkelman, 1998; Hogben, Byrne y Hamburger, 1996) y que también son con mucha mayor frecuencia víctimas de sus formas más extremas (Murray y Henjum, 1993; Waldner-Haugrud y Magruder, 1995). Entre las consecuencias negativas de la coerción sexual sobre la calidad de vida de las mujeres victimizadas se han citado, entre otras, las siguientes: disminución de la capacidad para el trabajo escolar, incremento de la vulnerabilidad respecto de los hombres, mayor exposición al riesgo de contagio de enfermedades de transmisión sexual y de embarazo temprano, alteraciones en el concepto que tienen de sí mismas, percepción de carencia de poder e identificación del sexo con el amor y el cuidado. El daño para las mujeres parece ser tanto mayor cuanto menor es la edad a la que la coerción sexual es experimentada.

Los hombres, por su parte, generalmente son víctimas de las formas menos severas de coerción por parte de las mujeres y, en su mayoría, parecen atribuir menor importancia emocional a eventos de ese tipo cuando la perpetradora es una mujer.[3]

La persistencia de las inequidades de género en las representaciones sociales sobre la sexualidad y su concreción en las relaciones íntimas entre mujeres y hombres subyacen tras estas experiencias divergentes.

Aunque existan trabajos sobre diferentes aspectos de la coerción sexual, pocos investigadores se han planteado la dificultad de definir el concepto y de captarlo empíricamente ni se han preocupado por las consecuencias metodológicas de usar una u otra definición (Heise, Moore y Toubia, 1995a, 1995b; Abma *et al.*, 1998; Ajuwon *et al.*, 2001). Como dicen Muehlenhard y Kimes (1999) refiriéndose al concepto relacionado de violencia sexual, no hay una manera perfecta de captar y medir este tipo de fenómeno, ya que las distintas definiciones reflejan los intereses de distintos grupos de personas: legisladores, científicos sociales, psicólogos, víctimas, victimarios, feministas. Las definiciones legales de coerción sexual suelen estar limitadas a sus formas más violentas, las que pueden ser probadas y castigadas. Las definiciones propuestas por los investigadores y las feministas suelen ser más amplias, pero conllevan la posibilidad de que sean caracterizadas como víctimas de coerción sexual personas que no se consideran a sí mismas como tales (Muehlenhard y Kimes, 1999). Este punto de vista "externo" a los sujetos es legítimo en tanto sea explícito, pero los resultados serán diferentes de aquellos que se hubieran obtenido si la definición de la situación fuera decidida por las personas involucradas.

Si se define la coerción sexual como la obtención de sexo sin el consentimiento de la otra persona, se hace necesario definir qué es consentimiento (Heise, Moore y

3. No así cuando son víctimas de coerción sexual por parte de otros hombres (Cáceres, Marín y Hudes, 2000; Struckman-Johnson y Struckman-Johnson, 1994).

Toubia, 1995a; Walker, 1997; Archard, 1998) y también qué tipo de "sexo" está incluido. De esta manera, nuevamente entran en juego tanto el punto de vista de los actores como el de los observadores externos al hecho.

En nuestro trabajo favorecemos una definición de coerción sexual que sea abarcadora, ya que aquellas que sólo incluyen el uso de violencia física parecen implicar que las formas de poder y control consideradas como "normales" son aceptables (Muehlenhard y Kimes, 1999: 239). Adoptamos, por lo tanto, la definición de Heise, Moore y Toubia:

> [...] coerción sexual es el acto de forzar (o intentar forzar) a otro individuo por medio de violencia, amenazas, insistencia verbal, engaño, expectativas culturales o circunstancias económicas, a participar de conductas sexuales contra su voluntad (Heise, Moore y Toubia, 1995b: 8).[4]

En cuanto al tipo de práctica sexual incluida en nuestro estudio, nos concentramos exclusivamente en la primera experiencia heterosexual con penetración experimentada por mujeres. Al hacerlo así, elegimos un evento entre los potencialmente más perjudiciales para el desarrollo de la sexualidad y la salud reproductiva femenina, prestando al mismo tiempo especial atención a los aspectos de género involucrados.

La población estudiada: a quiénes se aplican los resultados de la investigación

La investigación se llevó a cabo en el servicio de adolescencia de un hospital público de la Ciudad de Buenos Aires entre las adolescentes mujeres que concurrían al consultorio de ginecología y obstetricia durante el año

4. La traducción es nuestra.

1997. Se construyó una muestra aleatoria de aquellas adolescentes de entre 15 y 18 años que llegaban al servicio por primera o segunda vez, para evitar que el prolongado contacto previo con las médicas –quienes suelen utilizar la ocasión de la consulta para aconsejar– hubiera modificado sus percepciones respecto de la coerción.

Se conformó una muestra de 201 adolescentes, a quienes se les realizó una encuesta y, luego, una entrevista semiestructurada con una submuestra de 30 de ellas, elegidas de manera de representar en números similares a aquellas que hubieran sufrido coerción en la iniciación y aquellas que no.

Dado que no se trató de una muestra de la población total de adolescentes, los resultados sólo pueden aplicarse estrictamente a las mujeres de 15 a 18 años que habitualmente concurren al servicio del cual se extrajo la muestra. Sin embargo, creemos que con cautela podría extenderse la generalización a las adolescentes de ese grupo de edad pertenecientes a los estratos bajo y medio bajo del Área Metropolitana de Buenos Aires, de los cuales provenían las jóvenes encuestadas. Decimos que debe usarse cautela porque, dado que se trataba de un consultorio de ginecología, al que las mujeres jóvenes concurren sobre todo por desórdenes menstruales y embarazos, las jóvenes que allí se encuestaron tenían un promedio de edad más alto que la población general de adolescentes y, como comentaremos más adelante, son en su mayoría sexualmente iniciadas.

Casi un tercio de las encuestadas tenía educación primaria, completa en la gran mayoría de los casos. Salvo 15 adolescentes que habían completado la educación secundaria (algunas de ellas habían iniciado estudios universitarios), una mayoría cercana a los dos tercios tenía educación secundaria incompleta. Ello es esperable si se tiene en cuenta la edad; sin embargo, la mayor parte de este grupo se concentró en los dos primeros años de la secundaria, lo que implica altos niveles de deserción y/o repitencia, pues la mayoría tenía la edad suficiente como para haber concluido sus estudios secundarios. En efecto, si bien muchas todavía asistían a la escuela, el 42% ya no lo hacía.

Apenas el 21% de las encuestadas trabajaban y, generalmente, tenían trabajos de poca calificación, siendo los más frecuentes el de vendedora y el de empleada doméstica –incluyendo el cuidado de niños–.

La mayoría de las entrevistadas (73%) había nacido en el Área Metropolitana de Buenos Aires y una quinta parte en otras provincias argentinas. El 7% restante era oriundo de países vecinos.

Las tres cuartas partes de las adolescentes eran solteras y todas las demás, con la excepción de 3 casos, estaban en uniones de hecho. Un 13% tenía hijos con los cuales convivía. Las adolescentes solteras vivían en su mayoría con uno o ambos padres, pero el 14% vivía en un hogar sin progenitores presentes.

Metodología. ¿Cómo estudiamos la coerción sexual?

Como ya adelantáramos, la forma en que estudiamos la coerción sexual depende en gran medida de cómo la definimos. Y una vez definida, quedan por resolver algunos problemas. El primero, también ya mencionado, es quién será el que informe sobre la existencia de coerción: el individuo que la sufrió (la víctima) o el que la infligió (el victimario).[5] En nuestra investigación hemos optado por la declaración de la víctima y, en particular, de la víctima mujer.

Un segundo problema se refiere al número de episodios de coerción. Hemos optado por registrar solamente un

5. Esta última opción también se encuentra en la literatura reciente. Por ejemplo, en un estudio sobre prácticas sexuales de los varones jóvenes en el Área Metropolitana de Buenos Aires, el 12 % de los encuestados en una muestra estadísticamente representativa reconoció haber debutado sexualmente presionando a sus parejas y poco menos del 10 % dijo haber ejercido presión para obtener su relación sexual más reciente (Geldstein y Schufer, 2002).

episodio, el que ocurrió en el momento de la iniciación sexual. Ello dará resultados diferentes –una tasa de prevalencia menor– de los que se obtendrían si se indagara sobre la ocurrencia de coerción sexual en cualquier momento de la vida de las personas. Indagar sobre la existencia de coerción en la iniciación sexual tiene la ventaja de que la primera relación sexual es un episodio que las personas raramente olvidan.[6] Además, puede suponerse que una iniciación sexual no querida, por ocurrirle a una persona sin experiencia previa, a edad temprana, tendrá impacto y consecuencias mayores.

Un tercer problema a considerar es el de los sesgos de la información. Por ser las conductas que estamos considerando de naturaleza sensible, las personas –tanto víctimas como victimarios, pero por diferentes razones– tienen dificultad en declararlas. Es razonable esperar que aquellas personas que las declaran sean diferentes de aquellas que optan por no hacerlo.

Las técnicas de investigación usadas en nuestro estudio fueron tanto cuantitativas –una encuesta– como cualitativas –una entrevista semiestructurada–.

Para captar la existencia de coerción en la iniciación, optamos por dos tipos de acercamiento. Uno más indirecto se basó en preguntar a las jóvenes si la primera relación había ocurrido a la edad en que ellas deseaban y, si no era así, a qué edad hubieran preferido tenerla. El supuesto detrás de esta pregunta era que en aquellas iniciaciones ocurridas a una edad menor que la deseada habría mediado algún tipo de coerción. En una aproximación más directa, pedimos a las entrevistadas que ubicaran su primera relación sexual en alguna de las tres categorías siguientes: "algo que fuiste forzada a hacer contra tu voluntad", "algo que aceptaste hacer pero que no querías que sucediera en

6. Por otra parte, la recordación fue facilitada por la cercanía temporal, ya que se interrogó a mujeres adolescentes.

aquel momento" y "algo que querías que sucediera en aquel momento".[7]

Características de la iniciación sexual

Casi el 90% de las adolescentes entrevistadas ya se habían iniciado sexualmente al momento de la encuesta. Los porcentajes, obviamente, son distintos según la edad de las jóvenes. Así, entre las de 15 años, el 78,3% ya había tenido la experiencia y de allí en adelante, a medida que aumenta la edad, aumenta el porcentaje de iniciadas, hasta llegar a un 95,1% entre las de 18 años. ¿Cómo se comparan estos datos con los encontrados en otras investigaciones? Si bien ninguna de las realizadas hasta ahora cubrió exactamente la misma población, pueden servir de marco de referencia. Los menores porcentajes de iniciadas a la edad de 18 años (63%) fueron encontrados por Schufer *et al.* (1996) entre las alumnas de las escuelas medias de la Ciudad de Buenos Aires, y los más altos (85%) entre las adolescentes de clase media alta del Área Metropolitana de Buenos Aires (Geldstein, Pantelides e Infesta Domínguez, 1995). Los porcentajes más elevados encontrados en la presente investigación se justifican, como ya comentáramos, porque se trata de concurrentes a un consultorio de ginecología y obstetricia al que las jóvenes no iniciadas tienen menos motivos para concurrir.

La primera relación sexual fue en general con varones de mayor edad que ellas, aunque ellos también eran adolescentes, ya que tenían una edad promedio de 19,6 años, con extremos en los 14 y los 52 años. La mayoría –más del

7. Adaptado de Laumann *et al.* (1994: 652). Similar aproximación utilizan Abma *et al.* (1998) al referirse al grado de control de las mujeres jóvenes sobre su primera relación coital, donde trabajan con medidas que toman en cuenta diferentes grados de voluntad, estableciendo diferencias tales como aquella entre "no querido pero voluntario" y "no voluntario".

60%– de los varones tenía menos de 20 años y solamente un 4% tenía 30 o más años. La situación más frecuente, en primer lugar, había sido la de una mujer que se inicia entre los 15 y 16 años con un varón de entre 17 y 19 años. En segundo lugar, la de una mujer de esas mismas edades pero con un varón de entre 20 y 24 años (véase Anexo, cuadro 1). En las dos terceras partes de los casos, la iniciación ocurrió en la casa del varón.

Coerción sexual en la "primera vez"

¿Importa a qué edad se tiene la primera relación sexual?

La relación entre edad de iniciación sexual y victimización es estadísticamente comprobable. Pero, ¿qué significa? ¿Es que al ser muy jóvenes se elige mal a la pareja y se corre así mayor peligro de ser coaccionada? ¿O es que el ser muy joven hace más vulnerable a la voluntad o a la fuerza física de otros?

Nuestros datos muestran que, si bien entre las jóvenes que se iniciaron a distintas edades siempre hay una proporción que hubiera querido hacerlo más tarde –lo que es una posible indicación de que se vieron sometidas a alguna forma de coerción–, dicha proporción disminuye a medida que la iniciación fue más tardía. Dicho de otra manera, todas las jóvenes que se iniciaron antes de los 15 años y la mayoría de las que se iniciaron entre los 15 y 16 hubieran deseado hacerlo más tarde (véase Anexo, cuadro 2, aproximación "indirecta"). Al interpretar estos datos, debemos tener en cuenta que la sociedad no ve con buenos ojos las iniciaciones sexuales tempranas, y ello puede verse reflejado en las respuestas de las entrevistadas.

Los resultados de la aproximación "indirecta" mostraron que la probabilidad de haber sido víctima de una iniciación sexual forzada está estrechamente relacionada con la edad en que ocurrió la primera relación coital. En efecto, si consideramos al conjunto de las mujeres que se iniciaron tempranamente –antes de los 15 años–, una cuarta parte declararon haber sido forzadas y más de la mitad dijeron que, aunque aceptaron la voluntad del varón, ellas no querían que sucediera en ese momento; es decir que sólo una cuarta parte se inició en forma completamente voluntaria. Estas cifras contrastan con las que encontramos entre las iniciadas a partir de los 15 años: sólo una de ellas se declaró forzada y más del 60% se inició porque lo quería en ese momento.

¿Importa con quién es la iniciación?

Como acabamos de mostrar, es infrecuente que las jóvenes se inicien sexualmente con hombres mayores. Sin embargo, cuando ello ocurre, la iniciación presenta características que hacen presumir que se trata de una situación preocupante. En efecto, la primera experiencia coital con hombres de 30 o más años se da casi mayoritariamente entre las que se iniciaron a edad temprana, antes de cumplir 15 años (Anexo, cuadro 1). La diferencia de edad entre los miembros de la pareja, sumada a la corta edad de las jóvenes, sugiere la existencia de relaciones desiguales, en las cuales la vulnerabilidad propia de la edad temprana y la distancia intergeneracional implican relaciones de poder, cuando no de fuerza y, en algunos casos, incestuosas. En efecto, como se puede ver en el cuadro 4 del Anexo, cuanto mayor es la diferencia de edades entre la adolescente y su pareja sexual, mayor es la probabilidad de que la relación haya sido forzada. Por otra parte, sólo entre las que se iniciaron muy jóvenes encontramos a quienes lo hicieron con un familiar o con un desconocido (véase Anexo, cuadro 3). Por supuesto, cuando la iniciación es muy temprana, la probabilidad de que exista una relación más establecida y de mayor compromiso afectivo (novio o esposo/concubino) es menor.

¿Importa la educación?

Para contestar a la pregunta del título, observemos primero qué relación existe entre el nivel de educación alcanzado y la edad de iniciación (véase Anexo, cuadro 5), ya que sabemos que la iniciación temprana es un factor de riesgo de coerción sexual. Los resultados son claros: a mayor nivel de educación más tardía es la iniciación sexual. Es de esperarse, entonces, que la mayor educación sea un factor "protector" contra la coerción, y así es en efecto.

La proporción de mujeres forzadas disminuye constantemente a medida que aumenta el nivel de educación, y la de aquellas que no querían pero aceptaron también disminuye, pero sólo a partir del nivel secundario. Las cifras muestran claramente que las relaciones sexuales iniciales completamente consentidas predominan entre las jóvenes que tienen al menos un nivel de educación secundario incompleto. Obsérvese que al pasar de primario completo a secundario incompleto se duplica el porcentaje de las relaciones consentidas a la vez que disminuye casi a la mitad el de relaciones forzadas (véase Anexo, cuadro 6).

En conclusión, por razones que posiblemente van más allá de poseer una instrucción formal más o menos elevada, la educación es un factor "protector" contra la coerción sexual en la "primera vez". Aunque no podemos demostrarlo, la educación parece tener el efecto de otorgar poder a las mujeres; en este caso, poder para atenerse a la propia voluntad y no ceder a las presiones del otro.

¿Por qué iniciarse cuando no se quiere?

En la encuesta detectamos a las adolescentes que se iniciaron a una edad menor a la que hubieran querido hacerlo y les preguntamos las razones (véase Anexo, cuadro 7). La más esgrimida fue "estar enamorada", amor que, como veremos más adelante, parece hacerlas vulnerables a la presión.

Hay dos tipos de respuesta que señalan sin ambigüedades la existencia de coerción: la que menciona la existencia de violación o abuso y la que habla de "presión" –no física– de la pareja. Entre ambas suman un importante 22,5% de las respuestas. Pero también hay otras respuestas que sugieren cierto grado de dominación por parte del compañero: "me daba vergüenza decir que no"[8] y "él me convenció".

Hicimos la misma pregunta sobre razones para aceptar una relación no querida a aquellas adolescentes que dijeron que aceptaron tener relaciones sexuales aunque no querían iniciarse en ese momento. No aparecen aquí los casos de iniciación forzada, que constituyen una categoría aparte, pero vuelven a presentarse las presiones psicológicas bajo la forma de insistencia o de amenaza de abandono por parte del varón, respuestas que sumadas alcanzan al 22%.

Percepción de la coerción

Las adolescentes no usan la palabra "coerción". Una discusión de grupo sobre el tema no produjo ningún término preciso que designara lo que nosotras, las investigadoras, llamamos "coerción". Surgieron en cambio términos como "presión", "abuso" y "chamuyo" (charla destinada a con-

8. La vergüenza ante la posibilidad de negarse a mantener relaciones sexuales, sin embargo, puede responder a la presión social internalizada.

vencer a alguien), mostrando que tanto el uso de la fuerza como la presión psicológica podrían ser incluidos en este concepto. Era, entonces, imposible –y no recomendable– preguntar directamente sobre la "coerción" y utilizamos un acercamiento indirecto. Diseñamos cuatro cortos escenarios incompletos en los que una mujer, que era virgen, se enfrentaba a una demanda de relación sexual, y pedimos a las entrevistadas que nos contaran lo que pensaban de la conducta de esos hombres.

Las viñetas eran las siguientes:

1. Ambos, un joven y su novia, quieren tener relaciones sexuales, pero cuando llega el momento la joven no se siente inclinada a hacerlo. Su novio la calma, se arma de paciencia y espera hasta que ella se decida. ¿Qué piensas de la conducta del joven?
2. Un muchacho y una joven se conocieron en un baile, se acariciaron y se excitaron mucho. Ella no quería tener relaciones sexuales. Pero él no aceptaba esto, diciéndole que lo había excitado y que no podía dejarlo ir de esa manera. ¿Qué piensas de la conducta del muchacho?
3. Un profesor invita a una alumna a verlo después de clase para ayudarla con sus estudios. Cuando se encuentran, él le dice que quiere tener relaciones sexuales con ella. Ella no quiere, pero tiene miedo de reprobar su examen. ¿Qué piensas de la conducta del profesor?
4. Una joven está muy enamorada pero no quiere tener relaciones sexuales todavía. Él le dice que necesita mucho tener sexo para "descargarse" y que, si ella no acepta, tendrá que buscar a otra. ¿Qué piensas de la conducta del muchacho?

La primera viñeta describe una situación en la que no hubo coerción; la segunda muestra el tipo de situación en la que se podría discutir acerca del comportamiento mutuo, la culpa y las responsabilidades; la tercera representa el típico caso de acoso sexual en un marco de asimetría de poder, y la cuarta apunta a detectar la aceptación de la "sexualidad indómita" de los varones como algo natural.

La mayor parte de las entrevistadas (79%) detectaron claramente una conducta reprobable en el escenario 3, aunque la caracterizaron de manera diferente: acoso sexual, transgresión de los roles y de la relación profesor-alumno, abuso sexual de una menor, pedido de sanciones (legales o en el nivel escolar) o simplemente como una conducta errónea. Fueron frecuentes las expresiones de ira. La mayoría percibió la asimetría de poder en esta situación.

Los escenarios 1 y 4 no provocaron este tipo de respuestas, pero por razones diferentes. En la primera viñeta, la situación claramente no era de coerción, pero muchas de las respuestas eran del tipo "él la comprende" (37%), "él no la presiona / él no la fuerza" (12%), que presentan cierta concesión: él es bueno con ella, aunque podría actuar de otra manera. Esto mismo, aunque menos claro, está presente en el 22% de las respuestas que explican la conducta del hombre por el amor que le tiene a la mujer –si no fuera así, ¿se le permitiría insistir?–. Solamente el 24% vio que en esa situación el hombre "respeta la decisión de ella". En la última viñeta, donde, según nuestra perspectiva, está claramente presente la coerción, el 56% de las adolescentes atribuyeron la conducta del hombre a la falta de amor por la mujer. Solamente el 11% claramente señaló la presencia de la coerción, aunque otras estaban conscientes de que el hombre tomaba ventaja del amor de la mujer –de su vulnerabilidad a la presión–, y un reducido número dijo que la conducta del hombre era "machista" o egoísta, que no había tal "necesidad" (de tener relaciones) o que su conducta era sencillamente mala. Un grupo de entrevistadas (9%) recomendaba a las mujeres decir que no a esa clase de presiones, y un 11% dijo que él debería respetar la voluntad de la mujer. Solamente 4 entrevistadas encontraron que la conducta del hombre era "natural", pero el significado de esta expresión no está claro.

Nosotras pensábamos que la segunda viñeta era –en nuestra cultura– la más ambigua en términos de la presencia o ausencia de coerción, ya que la joven había aceptado inicialmente caricias intensas. Sin embargo, el 30% de las mujeres dijo que el hombre era "machista", que debería respetar la voluntad de la mujer, que si se excitó, era "su problema". El 36% calificó esta conducta en forma negativa de manera general o porque era una relación reciente y la situación no daba para esa clase de proposición. Por otra parte, la tendencia a culpar a la víctima –que estábamos intencionalmente tratando de detectar con este ejemplo– apareció bajo dos aspectos: algunas dijeron que tanto el hombre como la mujer eran "culpables" (18%) y unas pocas, que la mujer tenía la culpa (6%).

Qué es la coerción: la definición de las adolescentes

La mayoría de las adolescentes entrevistadas es capaz de mencionar o describir espontáneamente conductas que constituyen diferentes tipos de coerción sexual por parte de los hombres. Éstas van desde la presión psicológica hasta el crudo uso de la fuerza física.[9] La mayoría abrumadora de las respuestas ubican unas pocas formas de coerción sexual: insistencia verbal o "hablar todo el tiempo de la misma cosa para convencer", acariciar, besar o tocar para producir excitación aún después de la negativa de la mujer; amenaza de abandono o de encontrar otra mujer, y fuerza física o uso potencial de la fuerza física –violación o golpes–.

9. Este análisis se refiere a una pregunta en la que se les pidió a las entrevistadas que hablaran "en general" y no necesariamente en relación con sus propias experiencias.

Mientras que la coerción física es una situación extrema que raramente dio lugar a ulteriores comentarios de parte de las adolescentes, las descripciones de presión psicológica eran frecuentemente matizadas y nos ayudaron a comprender las conductas de los varones y las consecuentes respuestas de las mujeres. Por ejemplo, la importancia atribuida a la "insistencia" como un tipo de coerción psicológica parece estar relacionada con la diferencia explícita que varias entrevistadas establecieron entre, por una parte, la demanda de sexo del hombre una sola vez y su espera a que la mujer se sienta preparada o se decida según su propio ritmo y sin demandas ulteriores ("sin presión") y, por otra parte, la insistencia del hombre y/o el establecimiento de un plazo para que la mujer acepte, lo que generalmente va acompañado de una amenaza, explícita o no, de ruptura ("presión").

Varias adolescentes atribuyeron la amenaza de abandono del hombre a su intención de tomar ventaja del amor de la mujer hacia él. De acuerdo con este punto de vista, la mayoría de las respuestas a la pregunta de por qué las adolescentes son incapaces de negarse a una relación no querida –aún cuando la fuerza física no se encuentre presente– apuntó a la vulnerabilidad de las mujeres a causa de su amor por el hombre y su temor a perderlo.

Es muy interesante notar que, cuando se referían a la amenaza de abandono, muchas adolescentes usaron la palabra "obligar" y así atribuían a las palabras del hombre un poder abrumador que, en realidad, reside en la propia creencia o sentimiento de la mujer de que la pérdida de su compañero es intolerable: "Obligándola (forzándola) con o sin violencia".

El real poder persuasivo de la amenaza de abandono puede explicarse, al menos parcialmente, por el hecho de que parece poner en riesgo el principal proyecto de vida aún alcanzable para muchas adolescentes que viven en condiciones de pobreza: convertirse en esposa y madre.

Por otra parte, si el temor de la adolescente al abandono en una situación específica se origina ya sea en una amenaza explícita o en sus propias creencias y expectativas acerca de la conducta de los hombres (Holland *et al.*, 1992), lo cierto es que este temor está igualmente sostenido por la experiencia –ya sea vivida o recogida de sus pares– de que, en la realidad, los varones jóvenes frecuentemente abandonan a sus novias después de su primera relación sexual –de lo cual encontramos varios casos en las entrevistas en profundidad–.

La percepción de la persistencia de una asimetría de género en las relaciones íntimas subyace tras las respuestas de las jóvenes, aunque casi todas ellas reconocen claramente que, en la actualidad, las relaciones de género en otras dimensiones de las esferas tanto privadas como públicas son más igualitarias que lo que solían ser. Esto último probablemente se deba a las decrecientes oportunidades disponibles para los hombres en su rol de proveedores de sus hogares y a la frecuencia creciente de parejas donde los dos aportan ingresos.

Menos frecuente –aunque no por ello menos importante– es el conjunto de respuestas que se refieren a los casos en que el hombre reprocha a la mujer su falta de amor y apela a sus sentimientos, pidiéndole que tome en cuenta sus indomables necesidades sexuales. En resumen, versiones diferentes de la famosa demanda de la "prueba de amor" apelan al estereotipo de las mujeres como seres humanos afectuosos y responsables, o a lo que se ha llamado el "ideal altruista femenino" (Burin, 1989).

> *Eh... Yo creo que [hay presión] cuando... por ejemplo él te dice "sí, quiero tener relaciones sexuales con vos, porque si no las tengo es que no me querés", es decir, siempre trayendo a colación los sentimientos... los sentimientos que una siente.*

> *[...] también con palabras, y hay palabras que lastiman. Porque muchos [hombres] dicen "porque no me querés"... y presionan con eso y las-*

timan a la otra persona, porque si uno quiere a alguien y la otra persona dice que una no lo quiere... [una] se siente muy mal.

Puede interpretarse que este argumento masculino tiene un poder coercitivo, porque niega una identidad social femenina a la mujer que rehúsa satisfacer las necesidades de su pareja.

Aparece claramente en las respuestas a la encuesta, y también en las entrevistas en profundidad, que la coerción sexual, como es definida por las adolescentes, es verdaderamente un continuo.[10] Más aún, nuestras categorías y las de ellas se superponen significativamente. Sin embargo, no siempre es fácil, al enfrentarse con un relato de la "vida real" –aquel que las adolescentes hacen de su primera relación sexual–, poder determinar si estuvo presente o no la coerción. Es así que pudimos analizar los casos claros de coerción, en un extremo, y los de no coerción, relaciones queridas, no forzadas, en el otro. Pero aún permanece un "área gris", donde el placer, el amor, la persuasión gradual y la falta de contacto de las mujeres con sus propios sentimientos y deseos llevan a un resultado difícil de clasificar.

La experiencia real de coerción

La pertenencia de cada adolescente a una categoría extrema –"coercionada" o "no coercionada" en la primera relación coital– se definió inicialmente por la respuesta a una pregunta de la encuesta. Cuando se hicieron las entrevistas en profundidad ninguna de las adolescentes no coercionadas –las que "querían en ese momento"– cambió su

10. La idea de que la variedad de comportamientos que constituyen coerción sexual se ordenan por su gravedad en forma de continuo (en este caso desde el toqueteo hasta el matrimonio forzado y la violación) aparece también en una reseña del trabajo de Ajuwon *et al.* (2001) (*Progress in Reproductive Health Research*, 2002, p. 5).

discurso. Sin embargo, algunas de aquellas que dijeron inicialmente que "aceptaron pero no querían en ese momento" –una respuesta elegida principalmente por las que experimentaron coerción psicológica–, más adelante describieron una situación que era claramente de coerción física, mientras que otras pocas mantuvieron que no fueron "presionadas" por su pareja masculina. Los resultados que comentaremos de aquí en adelante provienen de las entrevistas a 13 adolescentes en cuya iniciación sexual estuvo presente alguna forma de coerción y de 17 entrevistas a adolescentes "no coercionadas".

Aunque la "iniciación sexual bajo coerción" suscita la imagen de un episodio único y aislado, el análisis de las entrevistas en profundidad deja claro que generalmente estamos en presencia de un proceso de etapas y tiempos variables, que incluye algún tipo de negociación, aun en los casos de uso de la fuerza física.

Algunos caminos que encontramos para la iniciación sexual bajo coerción son los que se detallan a continuación.

- Primera demanda de relaciones sexuales → tiempo de espera → reiteración de la demanda → amenaza de abandono → aceptación de la mujer → relación sexual.
- Primera demanda → sin tiempo de espera, insistencia continua → fijación de una fecha límite → si la mujer no acepta, relación sexual forzada violentamente.
- Caricias → relación sexual.

En los primeros dos casos, el perpetrador es típicamente una pareja estable ("novio legal"). El tercer caso es característico de las relaciones en las que la mujer define al compañero como un novio, pero que durante la entrevista, se demuestra que no lo es. Por ejemplo, en el caso del cual extrajimos el siguiente testimonio, la adolescente nos dijo que había conocido a su "novio" una semana antes de que ocurriera la coerción y que ella estaba muy enamorada de él.

> *No sé qué me pasó, yo le dije a él "no, no, no,..." pero él no me dejó ir... Más aún, él cerró la puerta con llave.. para que nadie pudiera vernos... y entonces... comenzamos a acariciarnos, así, todo, y bueno, hasta... él me dijo, y yo: "no, no, no". Y bueno, él insistió más y más. Y yo no sabía qué hacer, no podía salir de la habitación [...] Me desviste [...] Era más fuerte que yo.*

El hecho de que la primera relación sexual aparezca como forzada no significa que los procesos descriptos más arriba tuvieron lugar en un corto período de tiempo. Este proceso puede tomar desde unos pocos días hasta más de un año, dependiendo del grado de compromiso del hombre.

Durante la negociación se intercambian –explícita o implícitamente– ciertos "bienes". Él alimenta los sueños femeninos de matrimonio e hijos. Entonces, ella promete rendir su virginidad un día y él promete que no la dejará. Mientras tanto, él amenaza con dejarla si no acepta y a ella le preocupa que él se canse de esperar. Pero también tiene miedo de que, si acepta la relación sexual, él la va a abandonar después de haber conseguido lo que quería. Así la amenaza de abandono juega a dos puntas y, en ambas, la mujer es la perdedora.

Como dato interesante, la mayoría de las entrevistadas que sufrieron coerción sexual en su primera vez consideran "legal"[11] a su pareja, aunque son conscientes de la inestabilidad de la relación y del hecho de que –dadas sus características– es probable que el varón no haga honor a su promesa de no abandonarla. En realidad, no pocos de estos compañeros fueron por ellas descriptos como infieles,

11. Las adolescentes llaman "novio legal" a aquellos con los que entablan una relación más formal, generalmente conocida y reconocida como tal por las familias de ambos lados.

haraganes, desempleados crónicos y consumidores de drogas. En algunos casos también como "machistas", agresivos y violentos.

Otros elementos que están a veces presentes en el proceso de negociación son el temor al embarazo o al contagio de una enfermedad de transmisión sexual, así como la promesa del hombre "yo tendré cuidado".

Adolescentes coercionadas y no coercionadas

En el momento de la entrevista en profundidad, muy pocas de las adolescentes coercionadas todavía vivían con su familia biológica intacta. Aproximadamente la mitad estaba viviendo en unión consensual y algunas de ellas ya tenían un hijo. Las restantes estaban viviendo ya sea en una familia monoparental, encabezada por la madre, en una familia adoptiva o con otros parientes, tíos, abuelas, hermanos y hermanas mayores o empleadores, que protegieron a estas jóvenes mujeres que habían migrado solas desde su provincia nativa o cuyas familias de origen se habían desmembrado debido a la separación o la muerte de los padres biológicos. Algunas de las adolescentes eran hijas de madres solteras, pero en la mayoría de los casos la situación de sus familias era el resultado de procesos de desintegración familiar. En muchos casos, no solamente fueron testigos sino también víctimas de la violencia del padre –y, a veces, también de la madre–. El fracaso del varón en desempeñar su rol de proveedor y el alcoholismo del padre o padrastro fueron las experiencias "normales" durante su niñez. El maltrato verbal y físico, y aún casos extremos de descuido y abandono en la niñez, fueron sufridos por una cantidad de entrevistadas –especialmente por aquellas que habían perdido tempranamente a sus madres biológicas–.

La falta del debido cuidado por parte de los adultos que las tenían a su cargo podría ser la explicación de por qué la mitad de las entrevistadas coercionadas describieron algún tipo de episodio de abuso sexual infantil del que fueron víctimas. Estos abusos variaron desde un contacto aparentemente inocente por parte de un primo mayor o de un vecino, hasta un intento de violación por el padrastro. Como sucede frecuentemente, o bien la chica se había sentido culpable y no informó del hecho a ningún adulto responsable, o bien sus padres no le creyeron o directamente la culparon por lo ocurrido. Estas experiencias desvalorizantes a menudo generaron una falta de autoestima y las llevaron a desconfiar de éstos y de otros adultos que hubieran podido guiarlas.

Como se ve a través de sus discursos durante la entrevista, ellas tenían la necesidad de ser aceptadas socialmente, la necesidad de ser deseadas, queridas y necesitadas por alguien. Ante la ausencia de un entorno familiar afectuoso, estas mujeres se apoyan en una pareja masculina para que responda a sus necesidades, que a veces se expresan bajo el aspecto de un proyecto tradicional de vida, de matrimonio y maternidad.[12]

> *Lo que pasaba era que el chico parecía comprenderme, yo perdí a mi mamá cuando tenía 10 y nunca tuve [una buena relación con mi padre]... al contrario [...] Y fue como si encontrara un respaldo. Y disfruté estando con él y todo eso [...] Solía pensar que las relaciones sexuales son algo que uno hace después de casarse, o algo parecido [...] Pero sucede. Al principio yo no quería, [él] como que... me convenció, [...] y sólo sucedió [...] Es decir, el único sentimiento que yo tenía hacia él era el temor de perderlo [...] No sé si alguna vez lo quise, ése es el problema. Porque después que quedé embarazada no me dolió en absoluto ni perderlo, ni su abandono.*

Por otro lado, la baja autoestima probablemente les haga creer que no merecen mantener el interés de un hom-

12. Debe recordarse que para estas jóvenes mujeres los logros personales a través del estudio y una carrera profesional rara vez son posibles.

bre en un contexto social donde el género femenino está devaluado y la identidad femenina depende mayormente de la "mirada" y el deseo de los varones (Olivier, 1991).

Las características y experiencias personales descriptas anteriormente parecen, claramente, haber jugado un rol importante en hacer a estas jóvenes mujeres vulnerables a una iniciación sexual impuesta.

Obviamente, las mujeres no coercionadas difieren de las iniciadas bajo coerción en la calidad de la relación que establecen: su habilidad para elegir sus parejas, sus propias posibilidades de posponer la iniciación y la calidad misma de su primera relación sexual. En este caso, la típica relación en el momento de la iniciación es "legal". Aunque rara vez haya conversaciones sobre planes futuros de vida juntos, estas relaciones generalmente duran bastante, más allá de la ocurrencia de la primera relación sexual. Esto es diferente de lo que sucede con las mujeres coercionadas, las que no continúan con la misma pareja. En algunos casos, la ruptura ocurrió inmediatamente después de la primera relación, ya sea porque la mujer no quiso continuar o –más a menudo– porque el hombre la dejó en ese mismo momento.

En los casos en que las adolescentes no sufrieron coerción para iniciar relaciones sexuales, las parejas que ellas integran tienen generalmente una ideología igualitaria: las decisiones se toman por consenso entre ambos miembros. Aunque generalmente los varones son quienes demandan las relaciones sexuales, la negativa de la mujer es respetada y se demoran los nuevos requerimientos, a veces por largos períodos. Cuando eventualmente la relación sexual "sucede", los varones, generalmente, usan condones por propia iniciativa –un hecho menos probable entre las parejas de mujeres forzadas–. Algunos de ellos preguntan a sus compañeras hasta el último minuto si están seguras de querer perder su virginidad. Ninguno de estos hombres son consumidores de alcohol o drogas y ni el alcohol ni las drogas están presentes en la primera relación sexual.

Es difícil decir qué es lo que les permitió a las mujeres que no fueron coercionadas ser capaces de establecer relaciones de respeto mutuo. Es verdad que tienen –en promedio– mayor nivel educacional que las mujeres que sí lo fueron, pero otros factores que suponíamos que serían *claramente* diferenciales no lo fueron tanto, y fue preciso indagar con mayor profundidad en sus matices. Según un estudio anterior, la abierta comunicación entre madres e hijas en torno a la sexualidad parece facilitar el desarrollo de conductas de autocuidado por parte de las adolescentes (Geldstein, Infesta Domínguez y Delpino, 2000).[13] Sin embargo, este factor no estableció diferencias en este estudio, donde tanto algunas mujeres coercionadas como algunas no coercionadas manifestaron que no hablaban con ningún miembro de su familia sobre temas sexuales, mientras otras tenían buena comunicación en este sentido con la madre y/o con los hermanos o las hermanas; en general, las madres sabían que ellas estaban teniendo relaciones sexuales. Por otra parte, muchas de las adolescentes entrevistadas en uno y otro grupo tenían un entorno familiar problemático: hogares desorganizados, padres alcohólicos y/o violentos. Sin embargo, mientras que algunas de las jóvenes que arribaron a su primera vez libres de presión y por propia voluntad describieron entornos familiares armoniosos –incluyendo casos en los que los padres dan a sus hijos la posibilidad de opinar en las decisiones importantes–, ésta es rara vez la situación en los hogares de las que se iniciaron bajo coerción. Más aún, entre las que arribaron al primer coito por propia y libre decisión, no hay casos de desorganización familiar extrema –abandono, prostitución de la madre, etcétera– o de maltrato, como los manifestados por las chicas que fueron coercionadas. En este

13. La comunicación entre padres varones e hijas mujeres parece ser igualmente beneficiosa, aunque mucho menos frecuente, según surge del mismo estudio, realizado sobre una muestra intencional entre mujeres adolescentes y adultas de sectores populares del Área Metropolitana de Buenos Aires.

sentido, una clara diferencia, que puede agregar alguna explicación de sus experiencias divergentes, es la frecuencia –mayor entre las victimizadas– con que unas y otras reportaron casos de abuso sexual infantil de los que fueron víctimas ellas mismas, sus parientas cercanas o sus amigas.

Palabras finales

La coerción sexual es un fenómeno que atraviesa los límites de las clases sociales. Sin embargo, nuestra investigación previa ya había mostrado que las jóvenes de las clases más bajas son las víctimas más frecuentes de la coerción, especialmente la que incluye la fuerza física (Geldstein, Pantelides e Infesta Domínguez, 1995; Geldstein y Pantelides, 2001). Así, los resultados del presente estudio tienen una importancia agregada por el hecho de que son relevantes para las mujeres de nuestra sociedad más vulnerables a la coerción.

Las frecuencias de iniciación sexual bajo alguna forma de coerción que encontramos, significativamente más altas que las registradas en investigaciones previas en la Argentina, reflejan el uso de una definición, por un lado, más inclusiva de coerción y, por el otro, la posibilidad que tuvieron las adolescentes participantes de comprender y reinterpretar sus experiencias a través de una secuencia de preguntas con múltiples alternativas de respuesta.

Nuestros hallazgos coinciden en general con los de investigaciones llevadas a cabo en los Estados Unidos sobre las diferentes clases de coerción percibida, tanto física como psicológica. De esta manera, se confirma nuestra suposición de la existencia de un continuo de coerción, que se construye a partir de las experiencias reales, objetivas, por las que atravesaron las adolescentes, así como de su habilidad para percibirlas como coercitivas y para atribuirles una posición específica en el continuo de coerción latente.

Como ya se ha visto en investigaciones previas, las adolescentes más jóvenes son más vulnerables a la coerción en la iniciación sexual –especialmente cuando existen grandes diferencias de edad entre ellas y sus parejas sexuales–. Nuestros datos también muestran que la asistencia a la escuela previene a las mujeres jóvenes de una iniciación sexual temprana y no querida. Ambos factores apuntan a la posibilidad de diferentes grados de empoderamiento que las adolescentes pudieran haber adquirido y que influyen sobre su habilidad para ejercer algún tipo de control en el momento de su primera relación sexual. La edad como factor independiente podría ser fácilmente relacionada con el concepto de "empoderamiento experiencial" (Holland *et al.*, 1992) y, por consiguiente, con las diferentes capacidades de las adolescentes para discriminar los riesgos involucrados en las relaciones sexuales y para manejar el proceso de negociación. El rol de la escolaridad en la prevención de la coerción es mucho más complejo y suscita una interpretación nada simple. La adquisición de recursos cognitivos y relacionales necesarios para desarrollar una conducta preventiva –como posponer la iniciación sexual o evaluar objetivamente la calidad de una relación heterosexual dada– es en verdad un efecto directo de la escolaridad secundaria. Pero el hecho de asistir a la escuela secundaria es también un buen predictor de que las adolescentes tienen –y quieren proteger–, proyectos personales de vida alternativos a los tradicionales de matrimonio y maternidad que las hacen proclives a relaciones tempranas y no planeadas.

La posibilidad de que una familia pobre haga esfuerzos económicos para mandar a una hija adolescente a la escuela secundaria puede ser vista como un indicador de otras características familiares "preventivas", entre ellas, el nivel de la organización familiar en la vida cotidiana, la capacidad de dar a los hijos contención afectiva y el debido cuidado, y la importancia que los padres atribuyen a sus hijos en la asignación de los recursos del hogar. Es posible que todas ellas fomenten la autoestima de la joven –que es necesaria para que sea capaz de rehusar una iniciación sexual no deseada aun cuando esté enamorada y arriesgue perder una relación significativa–. Los métodos cuantitativos no son tan adecuados como los cualitativos para develar el rol real que la calidad de la dinámica y las relaciones intrafamiliares tienen en la prevención de la iniciación sexual no querida aun en ausencia de una familia intacta.

En general, las adolescentes menos educadas, las inmigrantes pobres, las que tienen imágenes tradicionales de género, las que alientan proyectos tradicionales de vida y las que padecen la falta de un entorno familiar seguro y afectuoso, son más vulnerables a una iniciación sexual temprana y también a una iniciación sexual en condiciones de coerción.[14]

Considerando algunas características de las mujeres y sus parejas sexuales, la clase y la calidad de la relación, las motivaciones de las víctimas para elegir –o aceptar– un compañero específico, continuar la relación y rechazar o aceptar relaciones sexuales, fuimos capaces de develar la existencia de un fenómeno de coerción matizado. Éste se refiere no solamente a la coerción psicológica –de la insistencia a la amenaza–, sino también a las maneras más duras de fuerza física, que pueden ser ejercidas por un completo extraño así como por un novio cariñoso. Tratar de explicar la coerción –aun en sus formas más extremas– sólo en términos de un hombre violento, "machista" y tal vez buscador de sexo, por un lado, y una víctima casual o totalmente "inocente", por el otro, sería simplificar un hecho social (relacional) muy complejo que es la resultante de los efectos combinados de factores socioeconómicos, culturales y psicológicos multidimensionales.

14. Queremos decir que al menos uno de estos correlatos –y casi todos ellos, en un par de casos paradigmáticos– estaban presentes cuando ocurrió la coerción.

Las bajas frecuencias de respuestas que implican tomas de decisión autónomas de las mujeres que responden a su propios deseos y necesidades sexuales, el silencio concerniente al placer sexual femenino, la manifestación explícita o implícita de la voluntad para acceder a la solicitud de las necesidades sexuales del otro amado, el temor a las consecuencias negativas del rechazo, el tiempo de espera para la iniciación fijado por el miembro masculino de la pareja y finalmente aceptado por la mujer, todo ello apunta a las persistentes asimetrías de género en el contexto de las relaciones íntimas. Esto sucede a pesar de la difusión de un discurso "moderno" sobre los cambios percibidos en los roles y las relaciones de poder de género, relacionados mayormente con la división del trabajo con los ámbitos de la producción y, en menor medida, con la reproducción.

Hasta aquí es difícil saber hasta dónde la supuesta falta de referencia al deseo sexual por parte de las mujeres entrevistadas refleja sentimientos reales y, tal vez, diferencias reales –ya sean éstas de orden biológico o social– entre las maneras como los jóvenes y las jóvenes experimentan la sexualidad, y hasta qué punto está dirigida por la necesidad de las mujeres de ajustarse a los –aún existentes– valores sociales que prescriben que las mujeres deben ser pasivas en el sexo y no deben mostrar su apetito sexual. Aún se necesitan investigaciones empíricas interdisciplinarias sobre la sexualidad, tanto femenina como masculina.

Anexo

Cuadro 1. **Edad del varón con quien se iniciaron sexualmente según la edad de la primera relación sexual.**

Edad de la primera relación sexual	**Edad del varón con quien se inciaron sexualmente**					**Total**	**Nº de casos**
	14-16	**17-19**	**20-24**	**25-29**	**30 y más**	**%**	
Hasta 14 años	18,2	50,0	18,2	2,3	11,3	100,0	44
15-16 años	21,8	40,5	33,7	3,0	1,0	100,0	101
17-18 años	0,0	51,4	28,6	17,1	2,9	100,0	35
Total	16,7	45,0	28,8	5,6	3,9	100,0	180
Nº de casos	30	81	52	10	7		

Cuadro 2. **Edad a la que hubiera querido tener su primera relación sexual según la edad de la primera relación sexual.**

Edad de la primera relación sexual	**Edad a la que hubiera querido tener su primera relación sexual**				**Total**	**Nº de casos**
	13-14	**15-16**	**17-18**	**19-22**	**%**	
9-12	0,0	100,0	0,0	0,0	100,0	2
13-14	**19,0**	26,2	42,9	11,9	100,0	42
15-16	0,0	**53,5**	35,6	10,9	100,0	101
17-18	0,0	0,0	**88,6**	11,4	100,0	35
Total	4,4	36,7	49,5	9,4	100,0	180
Nº de casos	8	66	89	17		

Cuadro 3. **Persona con la que se inició sexualmente según la edad de la primera relación sexual.**

Persona con quien tuvo la primera relación sexual	Edad de la primera relación sexual		
	hasta 14 años	15 y más años	Total %
Familiar	4,5	0,0	1,1
Desconocido	6,8	0,0	1,7
Conocido de mayor edad	2,3	0,7	1,1
Conocido de edad similar	6,8	2,2	3,3
Transa	4,5	2,9	3,3
Amigo	11,4	5,1	6,7
Novio	63,7	87,6	81,7
Marido o concubino	0,0	1,5	1,1
Total	100,0	100,0	100,0
N° de casos	44	136	180

Cuadro 4. **Grado de aceptación de la primera relación sexual según la diferencia de edades entre los miembros de la pareja.**

Diferencia de edades entre los miembros de la pareja	Grado de aceptación de la primera relación sexual			Total %	Número de casos
	Forzada	No quería en ese momento	Quería en ese momento		
Varón es menor	0,0	0,0	100,0	100,0	2
0 a 2 años	0,0	47,6	52,4	100,0	63
3-6 años	4,9	42,0	53,1	100,0	81
7-9 años	10,5	31,6	57,9	100,0	19
10 y más años	18,2	27,3	54,5	100,0	11
Total	4,5	41,5	54,0	100,0	176

Nota: Se excluyen 2 casos en los que no se conoce la edad del varón y 2 casos en los que la iniciación se dio en el matrimonio.

Cuadro 5. **Edad de la primera relación sexual según el nivel de educación alcanzado.**

Nivel de educación	Edad de la iniciación sexual			Total	Número de casos
	hasta 14 años	15-16 años	17-18 años	%	
Primario incompleto	66,7	33,3	0,0	100,0	9
Primario completo	31,9	59,6	8,5	100,0	47
Secundario incompleto	20,9	60,0	19,0	100,0	110
Secundario completo y más	0,0	28,6	71,4	100,0	14
Total	24,4	56,2	19,4	100,0	180
Nº de casos	44	101	35		

Cuadro 6. **Grado de aceptación de la primera relación sexual según el nivel de educación alcanzado.**

Nivel de educación	Grado de aceptación de la primera relación sexual			Total %	Nº de casos
	Forzada	No quería en ese momento	Quería en ese momento		
Primario incompleto	11,1	55,6	33,3	100,0	9
Primario completo	8,7	60,9	30,4	100,0	46
Secundario incompleto	4,6	34,0	61,4	100,0	109
Secundario completo y más	0,0	21,4	78,6	100,0	14
Total	5,6	41,0	53,4	100,0	178
Nº de casos	10	73	95		

Cuadro 7. **Razones por las cuales tuvieron su primera relación sexual a una edad en la que no querían tenerla.**

Razones	**Porcentaje**
Estaba enamorada	25,8
Violación, abuso	12,4
Presión de la pareja	10,1
Deseo	9,0
Evaluación retrospectiva*	9,0
Llegó mi momento	6,7
Él me convenció	5,6
Presión de los pares	4,5
Sucedió	4,5
Había consumido alcohol	3,4
Curiosidad, falta de información	3,4
Rebelión contra los padres	3,4
Me daba vergüenza decir que no	2,2
Total	100,0
Número de casos	89

* Las entrevistadas evaluaron sus razones al momento de la iniciación desde la perspectiva que sostienen en el presente.

Bibliografía

Abma, J. *et al.* (1998): "Young women's degree of control over first intercourse: An exploratory analysis", *Family Planning Perspectives*, n° 30, vol. 1, enero/febrero, Nueva York, págs. 12-18.

Ajuwon, A. J. *et al.* (2001): "Perceptions of sexual coercion: learning from young people in Ibadan, Nigeria", *Reproductive Health Matters*, n° 9, Londres, págs. 128-136.

Archard, D. (1998): *Sexual Consent*, Boulder, Colorado y Oxford, Westview Press.

Burin, M. (1989): "Familia y subjetividad femenina: la madre y su hija adolescente", en E. Giberti y A. M. Fernández (comps.), *La mujer y la violencia invisible*, Buenos Aires, Sudamericana y Fundación Banco Patricios.

Cáceres, C. F.; B. V. Marín y E. S. Hudes (2000): "Gender identity, self-esteem, and physical and sexual abuse in dating relationships", *Social Psychology Quarterly*, n° 3, vol. 51, Nueva York, págs. 272-285.

Cochran, C. C.; P. A. Frazier y A. M. Olson (1997): "Predictors of responses to unwanted sexual attention", *Psychology of Women Quarterly*, vol. 21, págs. 201-227.

Geldstein, Rosa N. y M. L. Schufer (2002): *Iniciación sexual y después. Prácticas e ideas de los varones jóvenes de Buenos Aires*, Buenos Aires, CENEP.

Geldstein, Rosa N. y Edith A. Pantelides (2001): *Riesgo reproductivo en la adolescencia. Desigualdad social y asimetría de género*, Buenos Aires, UNICEF, Cuadernos del UNICEF n° 8.

Geldstein, Rosa N.; G. Infesta Domínguez y N. Delpino (2000): "La salud reproductiva de las adolescentes frente al espejo: discursos y comportamientos de madres e hijas", en Edith A. Pantelides y S. Bott (comps.), *Reproducción, salud y sexualidad en América latina: estudios seleccionados*, Buenos Aires, Biblos / Organización Mundial de la Salud (OMS), págs. 205-227.

Geldstein, Rosa N.; Edith A. Pantelides, y G. Infesta Domínguez (1995): *Imágenes de género y conducta reproductiva en la adolescencia*, Buenos Aires, CENEP.

Heise, L.; K. Moore y N. Toubia (1995a): "Defining 'coercion' and 'consent' cross-culturally", *SIECUS Report*, nº 2, vol. 24, Nueva York, págs. 12-15.

—— (1995b): *Sexual Coercion and Reproductive Health: A Focus on Research*, Nueva York, Population Council.

Hogben, M.; D. Byrne y M. E. Hamburger (1996): "Coercive heterosexuality in dating relationships of college students: Implications of differential male-female experiences", *Journal of Psychology and Human Sexuality*, vol. 8, págs. 69-78.

Holland, J. *et al.* (1992): "Pleasure, pressure and power: some contradictions of gendered sexuality", *The Sociological Review*, págs. 646-674.

Laumann, E. O. *et al.* (1994): *The Social Organization of Sexuality. Sexual practices in the United States*, Chicago y Londres, The University of Chicago Press.

Lottes, I. L. y M. S. Weinberg (1996): "Sexual coercion among university students: A comparison of the United States and Sweden", *Journal of Sex Research*, vol. 34, págs. 67-76.

Muehlenhard, C. L. y L. A. Kimes (1999): "The social construction of violence: the case of sexual and domestic violence", *Personality and Social Psychology Review*, nº 3, vol. 3, págs. 234-245.

Murray, J. y R. Henjum (1993): "Analysis of sexual abuse in dating", *Guidance and Counseling*, nº 4, vol. 8, págs. 56-68.

Olivier, C. (1991): *Los hijos de Yocasta. La huella de la madre*, México, Fondo de Cultura Económica.

O'Sullivan, L. F.; E. S. Byers y L. Finkelman (1998): "A comparison of male and female college students' experiences of sexual coercion", *Psychology of Women Quarterly*, vol. 22, págs. 177-195.

Prada-Salas, E.; C. E. Flórez y R. Méndez (1995), *Violencia sexual y embarazo no deseado en la adolescente. Estudio exploratorio para la ciudad de Bogotá*, Bogotá, CEDE, Universidad de Los Andes, Documento CEDE 098.

Department of Reproductive Health and Research, World Health Organization (2002): *Progress in Reproductive Health Research*, n° 58, Ginebra, Suiza.

Ryan, K. A. (1998): "The relationships between courtship violence and sexual aggression in college students", *Journal of Family Violence*, nº 13, págs. 377-394.

Schufer, M.; S. Necchi, J. M. Méndez Ribas y R. Muiños (1996): "Tipología de adolescentes escolarizados de la ciudad de Buenos Aires según sus conductas en la iniciación sexual", en CENEP/OMS, CEDES y AEPA, Segundo Taller de Investigaciones Sociales en Salud Reproductiva y Sexualidad, Buenos Aires, CENEP/OMS, CEDES y AEPA.

Struckman-Johnson, C. y D. Struckman-Johnson (1994): "Men pressured and forced into sexual experience", *Archives of Sexual Behavior*, nº 23, vol. 1, págs. 93-114.

Waldner-Haugrud, L. K. y B. Magruder (1995): "Male and female victimization in dating relationships: Gender differences in coercive techniques and outcomes", *Violence and Victims*, vol. 10, págs. 203-215.

Walker, S. J. (1997): "When 'no' becomes 'yes': why girls and women consent to unwanted sex", *Applied and Preventive Psychology*, nº 3, vol. 6, Nueva York, págs. 157-166.

CAPÍTULO 4

Mujeres jóvenes: salud de la reproducción y prevención

Elsa López y Liliana Findling

Introducción

La investigación sobre sexualidad, salud, adolescencia y juventud ha crecido de manera significativa en América latina en los últimos veinticinco años, debido principalmente a la magnitud y las consecuencias del embarazo adolescente, a la pandemia del sida y a la creciente inclusión en los estudios sociales de los enfoques de género.

Cuando hablamos de adolescencia y juventud, ¿a qué adolescentes y jóvenes nos referimos? La noción de juventud que se remite a un colectivo susceptible a los cambios históricos no puede ser enfocada desde una óptica unidimensional. Diversos trabajos se han abocado al estudio de las diferencias de sexo, edad, generación y estratos socioeconómicos que caracterizan la situación de las personas jóvenes, porque la noción de adolescencia y juventud varía según se pertenezca a cada una de estas subpoblaciones en la práctica concreta del inicio de la vida sexual, la actividad escolar, el comienzo de las uniones conyugales, la procreación y el ingreso a la actividad económica. El sexo y la edad se usan tradicionalmente como base de las clasificaciones más usuales, pero existe un acuerdo sobre la idea de que no hay juventud sino juventudes (Margulis, 1996 y 2001). Entre los intentos de precisar el concepto puede mencionarse la noción de moratoria social, que alude a un plazo que la sociedad concede generalmente a los jóvenes de los sectores sociales medios y altos en el cual los compromisos que les corresponderían como adultos se suspenden hasta tanto completen su etapa educacional y alcancen una mayor estabilidad económica. Independientemente de la condición socioeconómica, puede entenderse a la juventud como un atributo determinado por la interacción social, cuya materia básica es la edad procesada por la cultura: se trata, entonces, de aspectos relacionados con el cuerpo tales como la salud, la energía y la capacidad reproductiva, que remiten a rasgos culturales (Margulis, 2001).

En el estudio de la atención de la salud de la adolescencia se ha incorporado recientemente el enfoque de riesgo en salud. Desde esta perspectiva, el riesgo se define como la probabilidad de que ocurra un hecho indeseado que afecte a la salud de una persona o de un grupo; el concepto se aplica en el campo de la salud sexual y reproductiva –riesgo de embarazo, perinatal y de cáncer de cuello uterino y mamario– y en salud mental –uso y abuso de drogas, tabaquismo, alcoholismo y suicidio, entre otros– (Donas, 2001b). En esta línea se han desarrollado algunos de los marcos conceptuales sobre conductas de riesgo, vulnerabilidad en salud –potencialidad de que se produzca un riesgo o daño– y factores protectores y de resiliencia –características identificables en personas o grupos que favorezcan el desarrollo humano y mantengan la salud o la recuperan–, que tienden a contrarrestar los efectos de los factores y las conductas de riesgo y a reducir la vulnerabilidad general o la específica (Donas, 2001a). Nos referimos a una serie de conceptos que establecen puentes entre la enfermedad como fenómeno biológico y social y un conjunto de factores, especialmente de naturaleza cultural, que favorecen o atenúan la aparición de la enfermedad en el individuo o en la comunidad. La enfermedad, expresada en la mortalidad o la morbilidad, forma parte de los modelos demográficos y epidemiológicos que prevalecen en cada sociedad y mediante los cuales se manifiestan lo biológico, las prácticas culturales y las condiciones socioeconómicas. El análisis de los factores que intervienen en el proceso de enfermar y morir requiere de herramientas sofisticadas, tanto en lo que concierne a la formulación de hipótesis de investigación como a la incorporación de la temporalidad de los fenómenos en observación. Los modelos de riesgo constituyen uno de los abordajes útiles para profundizar en la investigación de los procesos de salud y enfermedad.

La estructura social, política, económica o cultural que acompaña la definición de las enfermedades aparece usualmente con elementos no siempre pasibles de ser cuantificados. Más que un único factor causal determinante del riesgo de enfermar, habría una sucesión de factores a lo largo del tiempo que acabaría constituyendo un complejo causal suficiente (Dunn y Janes, 1986; Vineis, 1990; Landers, 1992).

¿Cuál es la relación entre salud, enfermedad, riesgos y vulnerabilidad? Castel (1994) propone la existencia de una dinámica de exclusión que se manifiesta antes de que se produzcan efectos completamente desocializantes. En salud, los que están en riesgo de caer son los más vulnerables, los peor alimentados, los menos educados, los que viven hacinados, los que no tienen cobertura social. Según Castel, la lógica de las políticas y los servicios sociales se asienta en la identificación de las poblaciones en peligro: indigentes, inválidos, niños abandonados.

Si bien a este enfoque no le falta mérito, impone a los asistidos un destino social e institucional definitivo al no incorporar a las personas con ciertas características que circulan de uno a otro ámbito, principalmente en el trabajo precario, la delincuencia o la toxicomanía. En la actualidad, las zonas de integración social tienen fronteras móviles que se relacionan con el trabajo, la inserción relacional y los factores protectores. Sin duda, el problema económico está en la base de la mayoría de las situaciones de gran marginalidad. Sin embargo, es difícil definir el umbral de pobreza que sirva de criterio para decidir quiénes son aquellos que tienen necesidad de ser socorridos.

En palabras de Sen (1992), las necesidades relevantes a ser satisfechas varían desde cosas tan elementales como alimentarse, tener buena salud o prevenir las enfermedades y las muertes evitables hasta alcanzar logros más complejos como ser feliz, tener respeto de sí mismo o participar en la vida de la comunidad. A esas condiciones Sen (1992) las denominó *factores de intercambio* de un individuo o una familia. Esos factores son los bienes y servicios que una persona puede adquirir a cambio de los recursos de que dispone. Los intercambios pueden basarse en la lógica del mercado o ser conferidos públicamente. Estos últimos están disponibles mediante la intervención del Estado, como un suplemento no sujeto al intercambio del mercado o como un derecho social, y se los considera un requisito para la igualdad. Es necesario ver concretamente cuáles son las prácticas que conducen a convertir ciertos bienes y servicios en derechos sociales. Por sus efectos sobre la salud, la alimentación, la vivienda, la provisión de agua y las condiciones sanitarias son derechos de especial interés. También la educación, especialmente la de las mujeres, es un factor crítico en la salud familiar y se menciona entre los más importantes intercambios. En este sentido y debido a la gran importancia que se otorga a la utilización de los servicios de prevención materna e infantil en la reducción del riesgo en salud, la cuestión de la educación de las mujeres constituye un aspecto fundamental en los programas de atención primaria de la salud.

Con respecto a la educación de las mujeres se han planteado principalmente dos posturas: la primera pone el énfasis en su papel protagónico y la segunda relativiza su relevancia, otorgándole un peso preponderante a la oferta de servicios de salud. A pesar de atribuirle o no a la educación ciertas preeminencias, los hallazgos coinciden en señalar las modalidades o caminos a través de los cuales ésta opera para producir resultados positivos. Uno de esos caminos postula que las mujeres que más educación han recibido tienden a casarse y a tener su primer hijo más tardíamente, lo cual aumenta la probabilidad de sobrevida del niño, sobre todo si nace después de que su madre tenga 18 años. En la misma línea, Cleland (1990) agrega que las mujeres que han ido a la escuela tienen una mayor propensión al uso de facilidades médicas, una mayor capacidad para el manejo de la trámites burocráticos, una actitud más innovadora hacia la vida y la adopción de prácticas modernas de salud basadas en una comunicación más directa con las personas del equipo de salud. Las mujeres con mayor escolarización acuden más prontamente a la atención médica cuando la necesitan y siguen más ajustadamente las prescripciones. La instrucción permite romper la tradición, ser menos fatalista frente a la enfermedad, adoptar las nuevas terapéuticas y alternativas en materia de cuidados, encontrar los servicios necesarios y considerar su utilización como un derecho y no como una mera asistencia. Adicionalmente, el acceso de las mujeres a la instrucción contribuye a modificar profundamente la estructura tradicional de las relaciones intrafamiliares y les permite adquirir autonomía en relación con las decisiones sobre la manera de regular la formación de su familia, el nacimiento de sus hijos y la forma de educarlos, nutrirlos y cuidarlos.

En lo que se refiere a la postura que confiere mayor importancia a la oferta de servicios de salud, existe un acuerdo acerca del rol de la medicina moderna y los servicios de salud en el mejoramiento de la calidad de vida. La ampliación de los servicios de salud, aun en el corto plazo, produce como resultado un fuerte descenso en los niveles de morbimortalidad (Caldwell, Gajanayake, Caldwell y Pieris, 1989; Caldwell, 1986). Es por ello que se recomienda que los servicios de salud privilegien la accesibilidad y gratuidad antes que la alta tecnología.

Cuando se piensa en reducir la morbimortalidad desde la doble perspectiva de las políticas públicas como oferentes de mecanismos de prevención y promoción de la salud, por una parte, y de la población como demandante de servicios, por la otra, es útil acudir al concepto de construcción social del riesgo. Al respecto, Nathanson (1996) propone analizar las variables sociales y políticas como determinantes de la forma en la cual las políticas de salud son iniciadas, diseñadas e implementadas. Para ello menciona tres variables independientes e interrelacionadas entre sí: (1) el grado de centralización del Estado –a mayor centralización existe mayor probabilidad de "construir riesgos" como amenazas al cuerpo político más que a los individuos o subgrupos–; (2) la presencia o ausencia de organizaciones de base activas, que tienen más solidez en los Estados más fragmentados que en los centralizados, y (3) la "construcción del riesgo", que difiere de país en país y que la autora ejemplifica con las políticas de salud materno-infantil y el tabaquismo en Francia y en los Estados Unidos, países con estilos diferentes de "construcción del riesgo".

También en el ámbito internacional de la población se produjeron cambios en la construcción social del riesgo. En la Conferencia de Población y Desarrollo de El Cairo en 1994 se marcó la importancia de "los derechos de los individuos" más que de "la prosperidad de las naciones", concepto prevaleciente en las Conferencias Mundiales de Población de Bucarest en 1974 y de México en 1984, que suponía el cumplimiento de las metas de crecimiento demográfico que aseguraría un camino al desarrollo.

Mary Douglas (1996), al reflexionar sobre el riesgo desde la perspectiva de las ciencias sociales, plantea que cada sociedad elabora sus normas de responsabilidad mutua, juicio y retribución, y que un sistema social debe preguntarse acerca de cuál es la sociedad que desea y no cuál es el riego aceptable. En las respuestas a esa pregunta se inscribirá un vasto abanico de sistemas éticos y surgirán, sin duda, conflictos. Lo importante para la comprensión de la construcción social del riesgo radica en la interacción entre los procesos sociales y los valores compartidos. La percepción del riesgo en la vida cotidiana se relaciona con la percepción de la salud y con la capacidad de afrontar situaciones, con la responsabilidad y con la reciprocidad. Cuanto más aislada está una persona y cuanto más dispersa es su red social, tanto más tenderá a decidir sus propias reglas de riesgo. En contraste, las comunidades tienden a determinar qué daños se pueden prevenir y, para ello, implantan una serie de valores por los cuales diversos hechos pueden considerarse graves o leves. En la diferenciación sociocultural y económica existente entre los individuos de una sociedad influyen aspectos que se adquieren durante el proceso de socialización, lo cual no significa que sean inamovibles. En esta misma dirección se interpreta la contribución de Bourdieu (1985), quien postula que las producciones culturales acumuladas históricamente en las sociedades no pertenecen por igual a todos los individuos sino a aquellos que detentan los medios y los saberes para apropiárselos. Esta idea remite a una heterogeneidad de modalidades de acceso y acumulación de los bienes culturales que determina estilos de vida diferentes según las posibilidades de acceder a ellos.

Este trabajo es parte del proyecto "Salud reproductiva, prácticas preventivas y acciones públicas",[1] financiado por la Universidad de Buenos Aires. Sus principales objetivos fueron describir los programas de salud reproductiva de la

1. El equipo de investigación está formado por Elsa López (directora del proyecto), Liliana Findling, Andrea Federico, Carolina Peterlini, Marisa Ponce y Patricia Schwarz, quienes han colaborado en todas las etapas de la investigación.

Ciudad de Buenos Aires (CBA) y conocer las prácticas preventivas de las mujeres de 15 a 24 años que residen en esta ciudad. Para cumplir esos objetivos, en la primera parte del trabajo se describen y analizan los Programas de Salud vinculados a la prevención de la salud reproductiva y las entrevistas en profundidad realizadas a los responsables de dichos programas en la CBA, que atienden fundamentalmente a la población de menores recursos. En la segunda parte se examinan los resultados de una encuesta cuantitativa telefónica que se realizó en 2002 y que indagó sobre prácticas reproductivas y preventivas a mujeres de 15 a 69 años que residen en la CBA. De esa encuesta se han extractado para el presente artículo los datos de las mujeres más jóvenes. Los resultados que se presentan son indicativos y no pueden extenderse al conjunto de la población de 15 a 24 años de la CBA porque la muestra no fue diseñada con esa finalidad. En ocasiones, y con fines comparativos, se mencionarán datos de otros grupos de edad o del conjunto de las mujeres encuestadas.

La decisión de hacer una encuesta telefónica en vez de una encuesta domiciliaria se basó en la situación de inseguridad que se vive actualmente en la ciudad y sus alrededores, lo que dificulta fuertemente el acceso a los domicilios. Una ventaja de esta aproximación fue el alto porcentaje de población que cuenta con servicio telefónico en la ciudad.

Los programas de prevención en salud reproductiva de la Ciudad de Buenos Aires

En el cuadro 1 se resumen distintos aspectos de los programas y de la Ley de Salud Reproductiva de la CBA.

Cuadro 1. **Los programas y la Ley de Salud Reproductiva de la CBA.**

Programa	Dependencia	Objetivos y actividades
Programa de Procreación Responsable (PPR)	Secretaría de Salud	Disminuir la morbimortalidad en aquellas poblaciones de alto riesgo biopsicosocial. Se realiza control y atención en centros de salud, con énfasis en el uso de métodos anticonceptivos y su distribución, y talleres educativos.
Programa de PAP y Mamas (PPM)	Dirección de la Mujer, Promoción Social, en convenio con la Secretaría de Salud	Aumentar el acceso a exámenes de PAP y mamas en hospitales públicos (no incluye centros de salud). Se facilitan horarios y pedido de turnos a través de una línea telefónica gratuita.
Dirección Adjunta de SIDA (SIDA)	Secretaría de Salud	Área creada en diciembre de 2000. Trabajar en la accesibilidad a preservativos y en tratamientos y reducción de daños del sida. Coordina y articula todas las actividades en torno al sida que se realizan en la ciudad con un abordaje multidisciplinario, fortaleciendo el trabajo en red en el terreno preventivo, asistencial y de laboratorio y trabajando en conjunto con organizaciones de la sociedad civil.
Consejo por los Derechos de los Niños, Niñas y Adolescentes	Áreas de Salud, Educación, Cultura, Promoción Social y Derechos Humanos	Albergar a "chicos de la calle" y prevenir el embarazo precoz y de las infecciones de transmisión sexual en adolescentes. Se hacen talleres en escuelas en horarios extracurriculares dirigidos a alumnos de los primeros años de educación secundaria.
Ley de Salud Reproductiva de la Ciudad de Buenos Aires Fue sancionada en junio de 2000. Sus objetivos son: prevenir mediante la educación y la información los abortos inducidos y el embarazo no oportuno; promover la paternidad responsable; atender a adolescentes en aspectos reproductivos; incrementar servicios de psicoprofilaxis del parto; promover los beneficios de la lactancia materna; atender problemas de infertilidad y esterilidad; difundir información acerca de la prevención, y brindar diagnósticos y tratamientos tempranos del sida, ITS y patologías génito-mamarias. La Ley Nacional de Salud Reproductiva fue sancionada recientemente.		

¿Qué dicen los responsables de los programas?

Se entrevistó a los responsables de programas de salud reproductiva usando una guía de entrevista que indagó sobre los antecedentes de los programas, la población objetivo, las actividades que se realizan, el ámbito institucional donde se desarrollan, los logros alcanzados, las dificultades en la implementación, la producción de información, la relación del programa con otros niveles o programas de la Administración Pública de Salud, la evaluación de los resultados, la difusión del programa, las campañas de prevención y su evaluación y la incidencia de la aprobación de la Ley de Salud Reproductiva sobre el programa.

A continuación se describen algunos aspectos de la información relevada más estrechamente ligados con las políticas de salud de los adolescentes y se transcriben los testimonios más relevantes, indicando en cada caso el programa al que se hace referencia.

Antecedentes

El Programa de Procreación Responsable y Salud Reproductiva, creado en 1986, fue cambiando sus objetivos desde su creación hasta el presente: "*originalmente planteaba una visión centrada en la atención de los adolescentes mediante un enfoque donde lo médico interactuaba con otros aspectos bio-psico-sociales*" (PPR).

Esta perspectiva no dejaba de ser conflictiva en la década de 1980, principalmente porque los funcionarios encargados de las decisiones sobre salud pública estaban muy influenciados por las visiones antineomalthusianas, que confundían la conceptualización sobre la salud reproductiva de los años noventa con las experiencias de los sesenta y setenta en torno al control de la natalidad de los sectores populares. Ésta es una de las razones por las cuales la Argentina, a diferencia de la mayoría de los países de América latina, no tiene encuestas de fecundidad ni de demografía y salud.

Dados los cambios permanentes de la vulnerabilidad a riesgos y daños, ésta debe ser revalorada constantemente; por ello, en sus inicios, el programa no se planteaba trabajar sobre factores considerados hoy de riesgo para la adolescencia, como el sida y el embarazo.

> *[El sida] no era un problema de la magnitud que adquirió luego. La situación de los adolescentes también era diferente, porque como resultado del inicio más precoz de las relaciones sexuales se produjo un aumento de los embarazos en las jóvenes de sectores populares, con la particularidad de una frecuencia mayor entre los 12 y los 15 años.*

El Programa de PAP y Mamas (PPM) comenzó en 1998 como resultado de un convenio con la Dirección de Salud.

> *[...] se llegó al acuerdo de hacer el PAP y las mamografías extendiendo la franja horaria hasta las 19 horas en 6 hospitales de la Ciudad de Buenos Aires; al comprobarse que las mujeres no se hacían con frecuencia el PAP ni la revisación periódica de mamas se creó, en forma paralela, la línea gratuita 0-800-Mujer.*

Esta línea se inició como de uso exclusivo para el programa, "*aunque luego se amplió a otros temas y en la actualidad incluye un* call center *que responde a violencia en general, violencia y maltrato a menores, información general, línea de prevención y sida*".

Organización

Al inicio del Programa de Procreación Responsable (PPR), los anticonceptivos que se distribuían a las mujeres se obtenían por donaciones de los laboratorios. En la actualidad, existe un presupuesto –proveniente del Bingo de Buenos Aires– para comprar insumos de todos los métodos aprobados por la Ley de Salud Reproductiva –métodos hormonales de última generación, mecánicos y de barrera– y éstos se distribuyen gratuitamente en todos los establecimientos públicos de salud. También se adquieren los insumos para la tamización de detección de enfermedades de transmisión sexual.

El PPR funciona en cada uno de los hospitales públicos y centros de salud de la Ciudad de Buenos Aires, aunque con diferencias en el perfil de los recursos humanos y en su organización.

> *[...] en algunos establecimientos se trabaja predominantemente en asistencia y en otros en prevención; en algunos hay más médicos que trabajan en Ginecología o en Obstetricia y se ocupan de la atención; en otros hay más trabajadores sociales y psicólogos que orientan a las mujeres en promoción de la salud y prevención; se cuenta también con algunas Residencias Médicas que participan del Programa, como la de Educación para la Salud o la de Medicina General.*

Los recursos humanos son escasos:

> *[...] no hay suficiente personal en actividades de educación, el PPR no tiene recursos humanos propios, lo cual significa que en todos los Hospitales y Centros de Salud se trabaja con el presupuesto general y los profesionales de los servicios adscriptos. No existe un equipo especial del Programa y en muchos lugares se realizan tareas de prevención primaria que no están coordinadas adecuadamente; cada Director o Jefe de Servicio de los Hospitales las hace funcionar de acuerdo a su criterio y bajo ciertas directivas pautadas en el Programa.*

Las actividades de prevención del Programa de Procreación Responsable y Salud Reproductiva incluyen talleres, tanto dentro de los centros de salud como en lugares comunitarios: "*son talleres para adolescentes, para mujeres de todas las edades y para madres en período de posparto*".

Las acciones específicas para adolescentes se encaran en mayor medida en el marco de la atención primaria.

> *[...] en los Centros de Salud se trabaja más frecuentemente con las adolescentes porque es el lugar más propicio para captarlas. Aunque en la mayoría de los casos estas adolescentes llegan al Centro cuando ya han tenido un hijo, se intenta que ellas funcionen como agentes de salud y*

acerquen a otras adolescentes al Programa de Salud Reproductiva. En los Centros de Salud se facilita una relación más fuerte y directa que en los Hospitales debido a que los primeros están generalmente situados en barrios, donde la interacción social es más personalizada. En cuanto a la formación de los adolescentes como agentes de salud, puede señalarse que, aunque su tarea no está pautada, igualmente se realiza. Esto se relaciona con la manera de trabajar de los Centros de Salud, no específicamente con el Programa pero sí con aquellos efectores del Programa que trabajan en los Centros de Salud que llevan adelante todas las modalidades del trabajo en atención primaria. Un ejemplo lo constituyen los Talleres de capacitación de personas en los comedores comunitarios, en los cuales se les enseña a trabajar con los adolescentes y a detectar situaciones de riesgo en ellos y otras personas del barrio (PPR).

También se hacen Talleres en las salas de espera cuando las madres están esperando para tener a sus hijos y para las que concurren a ver al pediatra, y se sigue con los Talleres de Procreación Responsable, que históricamente hacían las parteras y ahora se siguen haciendo con equipos de salud multidisciplinarios. En algunos lugares se hace la atención conjunta con salud mental y el control del embarazo adolescente para seguir desde allí hacia la cuestión de prevención (PPR).

La población que acude es generalmente femenina:

[...] cuando los varones se acercan lo hacen usualmente con sus novias. Hay pocos lugares donde se trabaja específicamente con varones. Hay servicios de adolescencia en los hospitales, en algunos hay servicios, en otros hay consultorios de adolescentes. Donde hay servicio de adolescencia, en algunos se trabaja específicamente con varones, ya sea en la atención o en algunos Talleres. La situación es distinta cuando se va a la escuela, porque ahí participan tanto varones como mujeres, aunque no de la misma manera. Para eso hay que ir a encontrarse con ellos; en los varones la demanda espontánea es muy infrecuente (PPR).

En cuanto al Programa de PAP y Mamas, los responsables en cada hospital son los jefes del Servicio de Ginecología y una coordinadora de la Dirección de la Mujer.

[...] una vez que la mujer llamó a la línea gratuita y obtuvo un turno es recibida por una persona de la Dirección General de la Mujer

(DGM) que la espera en el servicio entre las 13 y las 19 horas; con la ampliación del horario de atención las mujeres asisten con mayor frecuencia. Esto permite comprobar que, efectivamente, uno de los problemas para la no realización del estudio era el horario exclusivamente matutino, ya que dificultaba tener que ir al Hospital para pedir una cita y obtenerla para 2 o 3 meses más adelante. La demora actual es a lo sumo de una semana. Los gastos que demanda el Programa dependen del presupuesto de la Secretaría de Salud (ginecólogos con turnos extras, uso del mamógrafo, elementos descartables) y de la Dirección General de la Mujer.

Heterogeneidad y diversidad de los programas

La dificultad que supone el no contar con un equipo propio hace casi imposible el diseño de una línea de acción homogénea en el PPR.

> *[...] en algunos períodos hubo Hospitales en los cuales no se podían hacer Programas de Procreación Responsable por decisión de la Dirección del Hospital. Paralelamente, esa misma Dirección no ponía trabas a que los programas se ejecutaran en el Centro de Salud del mismo Hospital. Si se insistía sobre la normativa existente, los responsables del Hospital argumentaban falta de espéculos, ecógrafos, o de recursos humanos. A partir de esa realidad se ha optado por la flexibilidad, la comprensión y la convicción.*

Progresivamente se ha ido produciendo un cambio:

> *[...] allí donde había resistencias, ahora los profesionales están más abiertos y permisivos. El médico que no quiera poner un DIU o aconsejar el preservativo tiene el derecho de no hacerlo, pero ello no impide a otros la posibilidad de indicar o aconsejar otros métodos.*
> *Tampoco se obtienen resultados de un día para otro en la modificación de las pautas de cuidado de las mujeres. Se tienen que contemplar idiosincrasias distintas. En la Ciudad de Buenos Aires cada persona tiene una forma distinta de cuidado y de creencias, que no se pueden cambiar de un día para el otro. Hay que resaltar que la aplicación de los derechos reproductivos en los Hospitales depende de la ideología del director y ésta es la que determina que se implemente o no una política o se apli-*

que un Programa. No obstante, o precisamente a causa de ello, en los Centros de Salud e independientemente de que el director esté de acuerdo, se informa e indica sobre anticonceptivos. Es una manera de transgresión, y todo el mundo la conoce (PPM).

Coordinación interinstitucional

A lo largo de los quince años de la existencia del PPR se han notado cambios en el ámbito de la prevención, principalmente a través de la conexión con otros sectores de salud y otras áreas del Gobierno de la Ciudad de Buenos Aires.

Hasta hace muy poco [noviembre 2002] no existían acuerdos formales de políticas con el sector de la educación pública, por lo cual las actividades se realizaban estableciendo convenios con las autoridades de las escuelas de cada zona. Se debería avanzar más en la relación entre salud y educación. La relación es más estrecha que hace tiempo debido a que las escuelas han pedido el contacto después de encontrarse con embarazadas de 12, 13, 14, 15 y 16 años. Comenzar a trabajar en la prevención de embarazos a los 15 años resulta tardío, porque aunque la edad reproductiva se inicia alrededor de los 15 años, la realidad es que en ciertos sectores sociales hay jóvenes de esa edad que están buscando tener hijos. Hay que profundizar en el conocimiento de esta cuestión: si ella obedece a cuestiones culturales o socioeconómicas, si se produce como respuesta al deseo de salir de la casa paterna y si se pueden revertir esos patrones de conducta, por lo cual en las prácticas preventivas hay que adelantarse al concepto de "edad fértil" a los 15 años, ya que hay jóvenes que quedan embarazadas a los 11 años. No son la mayoría pero existen. Los datos hospitalarios muestran que hay casos de jóvenes de 15 años que tienen su tercer hijo.

Existen dificultades para avanzar en una coordinación interinstitucional integrada y con similares objetivos.

Una reflexión al respecto es que cuando se intentan establecer acuerdos formales entre distintas áreas del Gobierno de la Ciudad las cosas se complican. Pareciera haber cuestiones estructurales, formales, administrativas y burocráticas y el resultado es que las cosas se detienen. Existe lo que se puede llamar población cautiva, que son poblaciones de sectores populares. A menudo se producen llamados de escuelas cercanas a las villas miserias, porque los chicos de quinto año le plantean a la profesora problemas de salud reproductiva. Dos chicas de un curso de primaria tienen hijos de 2 años, de 1 año y los chicos plantean que ellos saben sobre métodos anticonceptivos, pero que se dan cuenta que saben mal. La información que tienen no les sirve. Al armar un espacio para hablar de estos temas los jóvenes preguntan, discuten, opinan. Lo bueno es poder darles el espacio. Hay que tener cuidado en ser flexibles en la forma de informarles, porque si sienten que es una clase la rechazan (PPR).

Esta opinión es sostenida por casi todos los responsables de los programas: "*la experiencia del trabajo en conjunto indica que en los documentos y discursos la unión de distintos sectores de la administración suena maravillosa pero después, en el quehacer cotidiano, se producen conflictos*" (PPM).

A pesar de los conflictos, se rescata el trabajo en equipo en las diversas actividades.

Es interesante la tarea que se lleva a cabo en el Consejo por los Derechos de los Niños, Niñas y Adolescentes dependiente del Gobierno de la Ciudad, porque la ley 114, que regula esos derechos, contempla la creación de un organismo específico para su tratamiento. El Consejo está formado por varias áreas del Gobierno de la Ciudad de Buenos Aires: salud, educación, cultura, promoción social y derechos humanos. En salud reproductiva, el Consejo ha convocado al PPR para trabajar en la prevención del embarazo precoz y de las infecciones de transmisión sexual en adolescentes. Para ello se hacen talleres en escuelas en horarios extracurriculares dirigidos a alumnos y alumnas de los primeros años de educación secundaria. El PPR propuso la necesidad de realizar dichos talleres desde los últimos años de la educación primaria, pero no tuvo éxito (PPR).

Logros, problemas y desafíos

Resulta difícil separar los logros de los problemas, porque existen fuertes conexiones entre ambos. En el PPR se señalan las siguientes cuestiones.

> *El mayor logro es el crecimiento de la demanda por las consultas de la salud reproductiva, pese a lo cual hay todavía un camino por recorrer: en primer lugar, mejorar el funcionamiento del programa en lo que se refiere a la organización y, en segundo término, atender la demanda con calidad a todos los que lo soliciten, ampliando los horarios de atención.*

Indiscutiblemente, el trabajo interdisciplinario ha experimentado un avance.

> *[...] desde un inicio se expresaba mucha resistencia; el PPR se manejó con un perfil bajo, sin hacer demasiado ruido y parece que ése ha sido el secreto del éxito del Programa: sobrevivir desde 1986 hasta ahora, con dificultades y con escasos insumos.*

Una de las dificultades está relacionada con la organización del PPR.

> *[...] se trata de lograr la continuidad del debate en equipo, pero es frecuente que estas actividades sean vistas por los médicos como auditorías de control de calidad y ha llevado 3 años convencerlos de que no era ése el objetivo.*

La diferencia de concepciones del mundo ante la reproducción humana que se da en los Hospitales y Centros de Salud se presenta recurrentemente en los testimonios de los responsables de los programas.

> *[...] sigue existiendo la objeción de conciencia entre los profesionales de los servicios y se deberá esperar a que cambien o que ingrese alguien que pueda modificar las prácticas desde adentro. Desde afuera es muy difícil generar estos cambios (PPM).*

La tarea pendiente es mejorar la práctica, sobre todo en lo que se refiere a las infecciones de transmisión sexual y al sida: "*esto es más difícil de lograr entre los profesionales que tienen 30 años de antigüedad en el ejercicio de su profesión ya que las trabas se deben a una concepción del mundo más conservadora*" (PPR). Otro gran escollo para la mayor efectividad del programa es la carencia de una asignación presupuestaria destinada a pagar los salarios de los profesionales exclusivos.

Un aspecto planteado y no resuelto es el debate con los profesionales sobre la prevención de la salud reproductiva de los adolescentes.

> *En algunos Hospitales, el 20 % de las mujeres embarazadas son adolescentes. Dentro del Programa hay efectores específicos para adolescentes: el Hospital Rivadavia, la Casa Cuna, el Hospital Argerich. El debate debe apuntar a lograr acuerdos y también a conocer cuáles son los profesionales que no están de acuerdo con determinadas cosas y, como consecuencia, no se ocuparán de ellas. Es importante estar alerta sobre los disensos para que otros profesionales tomen a su cargo las actividades de los que las rechazan y no las harán. También resulta de interés armar conexiones con otras entidades públicas y no públicas, como las ONG (PPR).*

Los problemas del Programa de PAP y Mamas se refieren fundamentalmente a su limitado radio de acción y a la falta de espacios adecuados para su funcionamiento: "*el Programa no se pudo extender al resto de los Hospitales de la Ciudad de Buenos Aires y la coordinadora trabaja en un hall en el que no se pueden instalar las computadoras que se han comprado*".

También se señala como importante profundizar la capacitación del equipo de salud en abordajes de género. López y Findling (1998) encontraron diferencias muy marcadas entre los médicos tocoginecólogos sobre la relación que se establece entre médicos y pacientes de distintos estratos socioeconómicos.

> *[...] en los profesionales de la salud, independientemente de si son hombres o mujeres, existe una tendencia hacia una desvalorización de la persona. La persona es identificada por la patología que sufre y cuando las mujeres van a atenderse le dicen "señora, abra las piernas", sin permitir la explicación de por qué se consulta [...] Hay un montón de situaciones que hacen que las mujeres no vayan a la consulta porque esto les parece sumamente agresivo y ello influye en la prevención (PPM).*

Difusión y organización de campañas

Las campañas sobre prevención de la salud sexual y reproductiva no tienen continuidad: "no existen recursos propios para campañas, esto no significa que no se hayan hecho". Sobre su efectividad existen diversas opiniones:

> *[...] las campañas son efectivas si se acompañan de un trabajo minucioso que incluya el contacto con la comunidad.*
> *Está muy bien que haya afiches por toda la ciudad sobre el sida pero con eso no alcanza. Con eso exclusivamente no se hace prevención; se requiere también la creación de espacios para los profesionales, para repensar la práctica profesional, para encontrar recursos económicos destinados al Programa, porque la situación está difícil para los profesionales, que plantean la necesidad de actualizar el programa en función de la problemática del sida, el revisar qué pasa con la adolescencia, cómo se atiende a los adolescentes, qué lugar tiene la ley de Salud Reproductiva en relación a ese grupo de población (PPR).*

Incidencia de la promulgación de la Ley de Salud Reproductiva en los programas de prevención

La aprobación de la ley mejoró la información de los profesionales, dado que un marco legal es imprescindible para una mejor implementación.

> *[...] los efectores empezaron a pedir reuniones periódicas que se están cumpliendo, ya que no todos los profesionales conocen la Ley a fondo; para ellos esta Ley ha contribuido de manera importante a dar legitimidad a su práctica médica, ya que la Ley posibilita la atención de los adolescentes, lo cual implica informar y recomendar métodos para evitar los embarazos no oportunos y las infecciones de transmisión sexual incluyendo el sida y hacer promoción y prevención de la salud (PPR).*

> *Los Programas de Prevención y Promoción de la Salud no obtienen de un día para otro una modificación de las pautas de cuidado. Tienen que contemplar idiosincrasias distintas. La Ciudad de Buenos Aires está*

llena de gente de todos lados y cada uno tiene una forma distinta de su cuidado y de sus creencias, por lo cual no se puede modificar de un día para el otro con una campaña las conductas de la población (PPM).

Encuesta de salud reproductiva y prevención

Como se señaló más arriba, se realizó una encuesta telefónica aplicada a 607 mujeres de 15 a 69 años. En ella se indagó sobre las prácticas y las opiniones de la vida sexual y reproductiva. Para la exposición de este trabajo se seleccionó a las 123 mujeres de 15 a 24 años. A fines de distinguir a las adolescentes (de 15 a 19 años) de las jóvenes (de 20 a 24 años), a continuación se indicarán los resultados de acuerdo con esas edades y, en ocasiones, se añadirá la información del total de las encuestadas, que incluye a las mujeres de 15 a 24 años.

La composición de la población femenina según diversas características indica que las mujeres de 15 a 19 años son, en su casi totalidad, solteras (el 98 %); más de la mitad ha completado o cursa el nivel secundario y un tercio el universitario. En cuanto a la condición de actividad, el 90 % de ellas son inactivas, porque estudian y no trabajan, y únicamente el 7 % están ocupadas. El 77 % dispone de cobertura de salud.

En cuanto a la composición de las mujeres de 20 a 24 años, se encontró que las tres cuartas partes de ellas son solteras (el 73 %), el 15 % vive en pareja y el 10 % de ellas están casadas. El 75 % de estas jóvenes tiene finalizados o cursa estudios universitarios o terciarios. El 53 % de ellas se declaran ocupadas y el 39 % inactivas. El 72 % tiene cobertura de salud.

¿Con quiénes viven las mujeres más jóvenes de la encuesta? Las de 15 a 19 años lo hacen principalmente con sus padres (33 %), con otros parientes (34 %), y con no parientes (19 %). Una proporción ínfima vive sola (1%) o con un esposo o compañero (el 0,3 %).

Las mujeres de 20 a 24 años viven con otros no parientes (29 %), con otros parientes (28 %), con padres (27 %), solas (11 %), con el marido o compañero (5 %) y con los hijos (4 %).

Las adolescentes y jóvenes consideran que la prevención de la salud, la alimentación y la cobertura médica son aspectos imprescindibles para el cuidado de la salud. El orden de importancia adjudicado a estos ítem por las mujeres más jóvenes de la encuesta guarda relación con el expresado por la totalidad de las encuestadas.

Es interesante advertir que la prevención y los chequeos de salud son aspectos mencionados con mayor frecuencia por las jóvenes de 20 a 24 años que por las adolescentes de 15 a 19 años. La mayor importancia que las jóvenes más grandes confieren a este tema influye positivamente, como se verá, en sus prácticas preventivas.

La buena alimentación es también uno de los aspectos más resaltados por las jóvenes de 20 a 24 años, al igual que la actividad física y los deportes. No se detectan diferencias por edad en la importancia de la cobertura de salud y las mayores parecen estar menos alertas que las adolescentes con respecto a las condiciones ambientales.

Cerca del 40 % de las adolescentes de 15 a 19 años ha hecho una consulta con el ginecólogo durante el último año y otro tanto no ha ido nunca, mientras que casi el 18 % ha consultado de 1 a 3 años antes de la encuesta. El patrón de consultas se modifica en las jóvenes de 20 a 24 años, en las cuales es posible observar que dos tercios de ellas consultaron durante el último año y un tercio lo ha hecho en algún momento en los tres últimos años. La proporción de jóvenes que nunca realizó consultas es desdeñable.

Cuadro 2. **Opiniones de las mujeres de 15 a 24 años sobre aspectos imprescindibles para la salud por edad (en %; respuestas múltiples).**

Aspectos imprescindibles para la salud	**EDAD**	
	15-19	**20-24**
Prevención / chequeos	32,1	49,3
Buena alimentación	32,1	47,8
Obra social / cobertura de salud	26,8	25,4
Buenas condiciones ambientales	21,4	3,0
Buena atención médica	19,6	10,4
Actividad física / deportes	12,5	31,3
No fumar	5,4	6,0
No beber alcohol	3,6	4,5
Buena salud mental	1,8	3,0
Tener trabajo / no pasar penurias	1,8	3,0

Cuadro 3. **Mujeres de 15 a 24 años por condición de consulta ginecológica y tiempo de su realización según edad (en %).**

Última consulta ginecológica	**15-19 años**	**20-24 años**
Nunca	41,3	1,5
Último año	39,4	64,1
1 a 3 años	17,9	31,4
Más de 3 años	1,4	3,0
Total	100 (56 mujeres)	100 (67 mujeres)

¿Qué razones las llevaron a consultar? También las razones difieren según la edad: la mitad de las adolescentes de 15 a 19 años menciona que lo ha hecho por controles o chequeos, un tercio por malestar o enfermedad y alrededor de un 10 % por embarazo. En cambio, siete de cada diez jóvenes de 20 a 24 años declararon haber ido a la consulta por control. En un grado menor, el 18 % lo hizo por malestar o enfermedad y un 9 % por embarazo.

Cuadro 4. **Mujeres de 15 a 24 años que realizaron consulta ginecológica por estudios de prevención según edad y tiempo de realización (en %).**

EDAD	15-19 años	20-24 años
Papanicolao		
Nunca	66,7	16,7
Último año	21,2	47,0
1 a 3 años	12,1	30,3
Más de 3 años	-	6,0
Colposcopía		
Nunca	69,7	25,3
Último año	18,2	45,5
1 a 3 años	12,1	26,2
Más de 3 años	-	3,0
Análisis de VIH		
Nunca	75,8	36,4
Último año	21,2	24,2
1 a 3 años	-	34,9
Más de 3 años	3,0	4,5
Examen físico de mamas		
Nunca	48,5	28,8
Último año	33,3	37,9
1 a 3 años	18,2	27,3
Más de 3 años	------	3,0
NS/NC	------	3,0
Total	100 (33 mujeres)	100 (66 mujeres)

En el cuadro 4 se presentan las diferencias de las prácticas preventivas de las adolescentes de 15 a 19 años y las jóvenes de 20 a 24 años. En términos generales, se puede decir que, independientemente del tiempo de realización, solamente un tercio de las adolescentes de 15 a 19 años ha efectuado estudios de Papanicolao y colposcopía; una cuarta parte, el análisis de VIH, y la mitad, el examen físico de mamas. En conclusión, en las más jóvenes prevalece la no realización de los estudios mencionados.

Recordación de campañas de prevención

Las campañas dirigidas a lograr la prevención de la salud de las mujeres sólo fueron recordadas por algo más de un tercio del total de las mujeres de 15 a 69 años. Estos mensajes son evocados en mayor medida por las mujeres más jóvenes: el 43 % de los adolescentes de 15 a 24 años y el 45 % de las de 25 a 39 años. Las jóvenes de 15 a 19 años recuerdan con mayor intensidad que las de 20 a 24 años.

Cuadro 5. **Recordación de campañas de prevención de salud sexual y reproductiva según edad (en %).**

Campañas de prevención	Edad		
	15-19 años	20-24 años	15-69 años
Recuerda	44,6	41,8	43,1
No recuerda	55,4	58,2	56,9
Total	100	100	100

Los mensajes recordados

Entre las adolescentes y jóvenes que recuerdan campañas de salud sexual y reproductiva, el tema más recordado es el sida (73,6 %), que adquiere mayor importancia en las jóvenes de 20 a 24 años (78,6 %) que en las adolescentes de 15 a 19 años (68 %). Los contenidos de las campañas se vinculan a tres aspectos relacionados al contagio del sida:

las vías del contagio, el uso de preservativos y el control del embarazo. Algunas mujeres recordaron la campaña televisiva en la que participaron actores y actrices y hubo otras que evocaron el mensaje acerca de que "con un solo día que no te cuides basta para contraer el sida". En segundo lugar, aunque con porcentajes menores, se recordaron las campañas que promueven el uso de preservativos (15 %), la prevención de la salud génito-mamaria (11 %) y el uso de métodos anticonceptivos (11 %). En los primeros dos aspectos existe una mayor recordación por parte de las jóvenes de 15 a 24 años; por su parte, las de 15 a 19 años tienen más presente el uso de métodos anticonceptivos.

Asimismo, se recordó que la información sobre el uso de preservativos se difundió en diversos medios de comunicación masivos (por ejemplo, televisión, afiches, folletos, recitales), las campañas sobre prevención de la salud génito-mamaria se asociaron a la difusión en hospitales públicos, y la información sobre métodos anticonceptivos apareció vinculada principalmente a las instituciones educativas. Este hallazgo resulta consistente con el recuerdo que tienen las encuestadas de las informaciones recibidas en la escuela.

La fecundidad

En la Argentina, como en otros países en desarrollo, la fecundidad adolescente está vinculada a las transformaciones socioculturales que han ocurrido en el campo de la sexualidad y en el acceso y la utilización adecuada de los métodos anticonceptivos. Los estudios que han documentado la evolución de la maternidad adolescente en la Argentina muestran que, a partir de 1980, el descenso de la tasa de fecundidad adolescente estuvo a cargo de las jóvenes de 15 a 19 años. En cambio, al examinar el patrón total de nacimientos sobresale la creciente proporción de los nacidos de madres menores de 20 años en todas las jurisdicciones, que en el orden nacional pasan del 13,5 % en 1980 al 16,2 % en 1998. También se ha señalado que las adolescentes con menor nivel de educación tienen una probabilidad mayor de ser madres que las más educadas (Pantelides, 1989; Pantelides y Giusti, 1991; Pantelides y Cerrutti, 1992).

En el análisis de la fecundidad de la encuesta de salud reproductiva y prevención se pone de manifiesto que ninguna encuestada de 15 a 19 años de la CBA ha tenido hijos nacidos vivos. El 10 % de las mujeres de 20 a 24 años son madres y han tenido sus hijos en los últimos cinco años. El 90 % de los partos fueron normales y el 10 % por operación cesárea. Algo más de un tercio de las mujeres fueron atendidas tanto en las consultas prenatales como en el parto por las obras sociales y otro tanto por los hospitales públicos (36 % cada uno) y un 25 % por sistemas de medicina prepaga. Todas ellas controlaron la evolución de su embarazo en cinco o más oportunidades, pero fueron al primer control más tardíamente que el conjunto de las que fueron madres en los últimos cinco años (el 82 % contra el 95 %, respectivamente, en el primer trimestre).

Anticoncepción

La información sobre la condición de uso de anticonceptivos se refiere al mes anterior a la encuesta en las mujeres casadas, que viven en pareja o con relaciones sexuales. Los datos señalan que, en las mujeres de 15 a 19 años, las usuarias actuales llegan casi al 61 %; las que nunca han sido usuarias, al 4 %, y las mujeres que usaron alguna vez algún método anticonceptivo pero no lo utilizan en la actualidad, al 35 %.

En las mujeres de 20 a 24 años, las usuarias actuales llegan al 70 %; las nunca usuarias, al 3 % aproximadamente, y las mujeres que usaron alguna vez pero no lo hacen actualmente, casi al 27 %.

¿Qué usaron durante el último mes las usuarias actuales? Las mujeres de 15 a 19 años usaron principalmente el preservativo (92,9 %) y las pastillas (28,6 %). Las recomendaciones para el uso del preservativo provinieron de familiares o amigos (84,6 %), de centros educativos (53,8 %) y de obras sociales (15,4 %). Las pastillas fueron recomendadas a las más jóvenes por las empresas de medicina prepaga (50 %), las obras sociales, los hospitales públicos o los amigos (25 % cada uno).

Las mujeres de 20 a 24 años usaron el preservativo (76,2 %), las pastillas (33,3 %) y en menor medida el DIU (4,8 %). Se observa que las recomendaciones para el uso del preservativo se originaron en centros educativos (59,4 %), en el ámbito familiar o de amigos (43,8 %) y obras sociales u hospitales y centros de salud (9,4 % cada uno). Las pastillas fueron recomendadas por las obras sociales (57,1 %) o los hospitales públicos (28,6 %). El DIU sólo tuvo dos menciones.

¿Cuáles son las razones para no estar usando anticonceptivos en el momento de la encuesta? El 89 % de las mujeres que no usan actualmente métodos anticonceptivos los usaron anteriormente. Las de 15 a 19 años que no los usan actualmente están embarazadas.

Las mujeres de 20 a 24 años no los utilizan porque desean embarazarse (3 mujeres), están embarazadas (3 mujeres), no les gustan o temen a los efectos colaterales (3 mujeres).

Cuadro 6. **Mujeres jóvenes y total de encuestadas según edad por condición de uso de métodos anticonceptivos, métodos utilizados y fuente de orientación recibida sobre métodos (en %).**

Condición de uso	**15 a 19 años**	**20 a 24 años**	**15 a 49 años**
Usuarias actuales	60,9	70,0	65,6
Alguna vez usuarias	34,8	26,7	27,4
Nunca usuarias	4,3	3,3	7,0
Métodos anticonceptivos			
Preservativo	92,9	76,2	58,7
Píldora	28,6	33,3	23,6
DIU	-------	4,8	18,2
Otros (ritmo, retiro, diafragma, inyecciones)	-------	---------	9,0
Lugar donde recibieron orientación sobre el preservativo			
Centro educativo	53,8	59,4	35,9
Familia/amigos	84,6	43,8	33,1
Obra social	15,4	9,4	14,8
Prepaga	7,7	3,1	6,3
Hospital público	----	9,4	2,8
Sobre las pastillas			
Obra social	25,0	57,1	49,1
Prepaga	50,0	14,3	28,1
Hospital público	25,0	28,6	15,8
Familia/amigos	25,0	21,4	14,0

A modo de conclusión

En el plano nacional, la organización política federal del país condiciona la injerencia que el Ministerio de Salud pueda ejercer en las acciones concretas en cada una de las provincias, profundizando la heterogeneidad y fragmentación de las políticas de salud en el cada vez más ausente Estado de Bienestar.

Un primer conjunto de conclusiones se extrae del análisis de las entrevistas a los responsables de los programas de salud reproductiva de la ciudad de Buenos Aires y conduce a pensar que el avance logrado en los dieciocho años de democracia ha sido muy lento, resultado de un gran número de trabas ligadas tanto a presiones políticas de signo conservador, fuertemente influenciadas por la Iglesia Católica, como a aspectos organizacionales deficientes inherentes a la propia estructura del gobierno local. A pesar de las dificultades, el ritmo de los logros de los distintos programas se ha ido acrecentando en los últimos dos años a raíz de la aprobación de la Ley de Salud Reproductiva, que legitimó muchas de las prácticas que se venían ejerciendo en forma más encubierta. Es innegable el aporte de los equipos de salud y el apoyo de los profesionales más jóvenes. Sin embargo, pese a la vigencia de la ley y a las normas de los programas, todo parece indicar que la salud reproductiva depende en gran medida de los criterios, convicciones y concepciones del mundo de los jefes de servicios o de los directores de los hospitales. A esto se agrega la escasa importancia otorgada al proceso de evaluación de los programas y a la producción de información de calidad, y en este panorama no resulta menor la falta de asignación de presupuesto destinado a los recursos humanos de los programas.

El segundo cuerpo de conclusiones hace referencia a la encuesta de salud reproductiva y prevención. La información permite ver que, si bien las prácticas preventivas son ejercidas por muchas de las mujeres de 20 a 24 años, éstas disminuyen en las más jóvenes. Si bien las conductas de riesgo asociadas al cáncer de cuello uterino y de mama conducen a daños a más largo plazo, sería deseable que las adolescentes incorporaran tempranamente la noción de prevención de su salud reproductiva. Esta tarea debería comprometer a las familias, los responsables de programas de sexualidad y salud reproductiva, a los profesionales de la salud en general y a las instituciones educativas en un esfuerzo coordinado. Aunque este planteo pudiera parecer utópico, el accionar de los programas de sexualidad y salud reproductiva examinados muestra, pese a su lento desarrollo, un avance sostenido en torno a la prevención. En ese sentido, es un síntoma esperanzador.

En lo que se refiere a los riesgos a corto plazo, se puede subrayar un uso relativamente elevado de la prevención contra las infecciones de transmisión sexual y el embarazo inoportuno que constituirían indicios de una mayor adherencia a factores protectores de la salud. En este contexto, es importante notar que las encuestadas de 15 a 24 años tienen altos niveles educativos, lo cual facilita mejores oportunidades para comprender la orientación en temas de prevención y, asimismo, favorece el acceso a los servicios de salud.

Para concluir, en un país signado por un fuerte endeudamiento externo, baja productividad, elevado nivel de pobreza y marcados índices de desempleo, la noción de prevención está aún poco instalada. Las omisiones resultan evidentes en las políticas centradas en el individuo y también en aquellas cuyo eje son las cuestiones de Estado, como la disminución de la pobreza, el mejoramiento de la salud materno-infantil, un mayor acceso a los servicios de salud y la prevención. Si bien las organizaciones no gubernamentales tienen una presencia creciente en la Argentina, sólo intentan mitigar aspectos parciales para suplir el continuo retiro del Estado en áreas vitales de la política social.

Bibliografía

Bourdieu, Pierre (1985): “La producción y reproducción de la lengua legítima”, en *Qué significa hablar*, Madrid, Akal.

Caldwell, J. C.; I. Gajanayake, P. Caldwell e I. Pieris (1989): “Sensitization to illness and the risk of death: an explanation for Sri Lanka's approach to good health for all", *Soc. Sci. Med.*, vol. 28, págs. 365-379.

Caldwell, J. C. (1986): "Routes to low mortality in poor countries", *Population and Development Review*, nº 12, págs. 171-220.

Castel, R. (1994): "La dinamique des processus de marginalisation: de la vulnerabilité a la désaffiliation", *Marginalité et exclusion sociales, Cahier de Recherche Sociologique*, Nº. 22.

Cleland, J. G. (1990): "Maternal education on and child survival: further evidence and explanations", en J. C. Caldwell, S. Findley, P. Caldwell, G. Santow, J. Braid y D. Broers-Freeman (comps.), *What We Know about the Health Transition: The Cultural, Social and Behavioural Determinants of Health*, vol. I, Canberra, Health Transition Center, The Australian National University, págs. 400-419.

Donas, S. (2001a): "Marco epidemiológico conceptual de la salud integral y el desarrollo humano de los adolescentes", en S. Donas (comp.), *Adolescencia y juventud en América latina*, Cartago (Costa Rica), Libro Universitario Regional, págs. 469-488.

—— (2001b): "Protección, riesgo y vulnerabilidad", en S. Donas (comp.), *Adolescencia y juventud en América latina*, Cartago (Costa Rica), Libro Universitario Regional, págs. 489-499.

Douglas, Mary (1996): *La aceptabilidad del riesgo según las ciencias sociales*, Barcelona, Paidós.

Dunn, F. L. y C. R. Janes (1986): "Introduction: Medical Anthropology and Epidemiology", en C. R. Janes, R. Stall y S. M. Gifford, *Anthropology and Epidemiology Interdisciplinary Approaches to the Study of Health and Disease*, Reidel, Dordrecht, págs. 3-34.

Landers, J. (1992): "Historical epidemiology and the structural analysis of mortality", *Health Transition Review. Historical Epidemiology and the Health Transition*, suplemento del vol. 2, págs. 47-75.

López, Elsa y Liliana Findling (1998): "La diversidad de discursos y prácticas médicas en la salud reproductiva: ¿qué se dice, a quién y cómo?", en *Avances en la investigación social de salud reproductiva y sexualidad*, Buenos Aires, Centro de Estudios de Estado y Sociedad (CEDES), Centro de Estudios de Población (CENEP) y Asociación de Estudios de Población de la Argentina (AEPA), págs. 79-103.

Margulis, M. (comp.) (1996): *La juventud es más que una palabra. Ensayos sobre cultura y juventud*, Buenos Aires, Biblos.

—— (2001): "Juventud: una aproximación conceptual", en S. Donas (comp.). *Adolescencia y juventud en América latina*, Cartago (Costa Rica), Libro Universitario Regional, págs. 41-56.

Nathanson, C. (1996): "Disease prevention as social change", en *Population and Development Review*, nº 22, año 4, págs. 609-637.

Pantelides, Edith A. (1989): *La fecundidad argentina desde mediados del siglo XX*, Buenos Aires, CENEP, Cuaderno del CENEP, n° 41.

Pantelides, Edith A. y A. Giusti (1991): *Fecundidad en la adolescencia. República Argentina 1980-1985*, Buenos Aires, Ministerio de Salud y Acción Social, Secretaría de Salud, Dirección de Estadísticas de Salud, serie 8, n° 11.

Pantelides, Edith A. y M. Cerrutti (1992): *Conducta reproductiva y embarazo en la adolescencia*, Buenos Aires, CENEP, Cuaderno del CENEP, n° 47.

Sen, A. (1992): *Inequality Reexamined*, Oxford, Oxford University Press [ed. cast.: *Nuevo examen de la desigualdad*, Madrid, Alianza, 1995.]

Vineis, P. (1990): *Modelli di rischio. Epidemiologia e causalità*, Turín, Giulio Einaudi.

CAPÍTULO 5

Cuerpo y sexualidad en la adolescencia

Susana Checa, con la colaboración
de Cristina Erbaro y Elsa L. Schvartzman[1]

> *[...] a través de la experiencia de un orden social "sexualmente" ordenado y los llamamientos explícitos al orden que les dirigen sus padres, sus profesores y sus condiscípulos, dotados a su vez de principios de visión adquiridos en unas experiencias similares en el mundo, las chicas asimilan, bajo formas de percepción y estimación difícilmente accesibles a la conciencia, los principios de la división dominante que les lleva a considerar normal, o incluso natural, el orden social tal cual es y a anticipar de algún modo su destino rechazando las ramas o las carreras de las que están en cualquier caso excluidas, precipitándose hacia aquellas a las que, en cualquier caso, están destinadas.*
>
> (Bourdieu, 2000: 118)

Introducción

Para los adolescentes, la sexualidad es uno de los principales ejes articuladores de su identidad, siendo la condición de género decisiva en su construcción. Refiriéndose a las mujeres, Lagarde afirma que la sexualidad tiene el ca-

1. En la redacción del artículo colaboró también Nina Zamberlin, integrante del equipo del seminario de investigación y del equipo de investigación de UBACyT. Asimismo agradecemos los aportes de Sandra Farías y Walter Mosquera, actualmente egresados y en ese momento alumnos del seminario, quienes contribuyeron en el análisis de la información. También nuestro reconocimiento a los alumnos que cursaron durante cuatro cuatrimestres el seminario y, desde su aprendizaje, revisaron la bibliografía, los instrumentos y algunos de los análisis.

rácter de contenido "especializante" por su íntima vinculación con la procreación.

> [...] se trata de una sexualidad escindida compuesta por la procreación y por la experiencia sexual. Sobre ellas se erigen la maternidad y el erotismo, como complejas construcciones históricas (Lagarde, 1994: 20).

Por su condición de construcción social, la sexualidad tiene una expresión universal pero presenta diversas manifestaciones en las distintas culturas y en cada grupo etáreo o generacional particular.

La problemática de la sexualidad adolescente y en particular de las adolescentes mujeres motivó la realización de una investigación centrada en la compleja relación existente entre género, cuerpo y sexualidad abordada desde la perspectiva de las mujeres adolescentes que concurren a los servicios de adolescencia de los hospitales públicos de la Ciudad de Buenos Aires y de los profesionales que las atienden.[2]

El interés por indagar y analizar esta relación en adolescentes mujeres nos pareció relevante como problema, debido a que es precisamente en esta etapa de la vida en la que la sexualidad, tanto en mujeres como en varones, presenta importantes manifestaciones. Durante la adolescencia, los cambios que ocurren a nivel del cuerpo y de la psiquis producen nudos conflictivos que impiden que algunas adolescentes vivan su sexualidad de manera placentera, libre de coerciones y separada de la función procreativa.

El objetivo de esta investigación se centró en el análisis de las representaciones y los comportamientos en relación con el cuerpo y la sexualidad adolescente, desde la perspectiva de las usuarias de los servicios de salud y de los profe-

2. La investigación se desarrolló en el marco de un seminario de investigación sobre salud reproductiva de la cátedra de Sociología de la Salud, en la Carrera de Sociología de la Facultad de Ciencias Sociales de la Universidad de Buenos Aires, que contó con el apoyo de la Secretaría de Ciencia y Técnica de la misma universidad (UBACyT) en la programación 1998-2000.

sionales que las atienden, con la finalidad de formular recomendaciones para mejorar el abordaje de la salud sexual y reproductiva de los adolescentes y la calidad de la atención que se brinda en los servicios.[3]

Para lograr dicho objetivo se consideró apropiado captar a las adolescentes en un espacio al que concurren de manera espontánea, como es el caso de servicios o consultorios de adolescencia de hospitales públicos.[4] Asimismo, trabajar en este ámbito nos permitió indagar el paradigma de atención médica –que privilegia el carácter asistencial y curativo antes que el preventivo– en relación con la atención de la salud reproductiva de los adolescentes.

Esperamos que los hallazgos de esta y otras investigaciones sean útiles en la orientación de las políticas públicas destinadas a esta franja particularmente vulnerable de la población y que constituyan también aportes a la práctica de los servicios hospitalarios, enriqueciendo el desarrollo de un enfoque integral e interdisciplinario en el abordaje de la salud sexual adolescente.

Ello tiene particular valor en el marco de la crisis por la que atraviesa el sector salud, donde se presentan grandes dificultades de implementación en los niveles primarios de atención, que son precisamente los que privilegian los aspectos preventivos y de atención integral.

En este artículo se presentan algunos hallazgos de la investigación mencionada que se desarrolló entre los años 1997 y 2000 sobre una muestra de servicios de adolescencia de cuatro hospitales públicos de la Ciudad de Buenos Aires:

3. Queremos agradecer especialmente a los jefes de servicio y a los equipos de los cuatro hospitales que nos dieron todo el apoyo para las entrevistas a las adolescentes y a los profesionales de los servicios. En especial nuestro reconocimiento por el aporte y el trabajo que desarrollan en estos servicios los médicos Enrique Berner, Sandra Vázquez y Nilda Calandra del Hospital Argerich; Eugenia Trumper del Hospital Rivadavia; Ana Coll del Hospital de Clínicas y Silvia Oicrovicht del Hospital Pirovano.

4. Los servicios de adolescencia de los hospitales atienden a la franja de jóvenes de entre 10 y 19 años.

el Hospital Rivadavia, el Hospital Argerich, el Hospital Pirovano (los tres dependientes del Gobierno de la Ciudad de Buenos Aires) y el Hospital General San Martín, hospital escuela dependiente de la Universidad de Buenos Aires.

La población que integró esta muestra estuvo compuesta por 50 adolescentes y 20 profesionales de distintas disciplinas de los cuatro servicios hospitalarios seleccionados. La franja etárea de la muestra de las adolescentes se situó entre los 11 y 20 años. La distribución fue la siguiente: el 60 % estaba formado por adolescentes de entre 16 y 17 años; el 22 %, entre 11 y 15 años y el 34 %, entre 18 y 20 años. El 58 % provenía del conurbano bonaerense y el 42 % restante de la Capital Federal. Respecto del perfil sociodemográfico, el 78 % declaró vivir con su familia de origen y el 22 %, con su novio, pareja, marido o en casa de sus empleadores. En el momento de la entrevista, la mayoría tenía escolarización primaria. El 36 % de las jóvenes señaló que solamente estudiaba, el 16 % estudiaba y trabajaba, el 22 % sólo trabajaba y el 26 % no estudiaba ni trabajaba. Del total de la muestra, tres adolescentes estaban embarazadas cuando se realizó la entrevista, cinco ya eran madres y seis señalaron haber tenido abortos previos.

Con respecto a los prestadores, su perfil profesional fue el siguiente: siete ginecólogos; cinco psicólogos, cuatro pediatras, una nutricionista, una trabajadora social, una psiquiatra y una médica clínica.

El abordaje metodológico adoptado fue de carácter descriptivo y exploratorio, con la utilización de técnicas cuantitativas y cualitativas en la recolección y el análisis de la información. El análisis cuantitativo se realizó sobre datos secundarios provenientes de las estadísticas de salud locales y nacionales y de registros hospitalarios. Asimismo, se analizó la estructura y las modalidades de trabajo de los servicios estudiados. Para el estudio cualitativo se aplicaron entrevistas semiestructuradas a las adolescentes usuarias y a los profesionales de las distintas disciplinas que atienden en los servicios de adolescencia de los hospitales mencionados. Las entrevistas fueron diseñadas en función de indicadores relativos a la construcción de la sexualidad, las representaciones sobre el cuerpo, la percepción de la salud y la enfermedad y los comportamientos preventivos.

En el caso de los prestadores, a través de la aplicación de un instrumento de similares características, se indagaron sus percepciones y representaciones sobre las adolescentes, considerando esos mismos indicadores y cómo sus concepciones se reflejaban en la práctica hospitalaria.

En la investigación se privilegió el abordaje cualitativo como el más adecuado para desentrañar la complejidad de la subjetividad adolescente. De esta manera pretendíamos recuperar el sentido de la construcción social de la adolescencia expresada en las representaciones, actitudes y comportamientos en torno al cuerpo y la sexualidad.

Construcción social de los cuerpos de las mujeres adolescentes

El cuerpo y la sexualidad de las adolescentes son una construcción social vinculada a los discursos que establecen las prácticas sociales de género. El discurso ideológico que emana de las instituciones que regulan en distintos niveles el poder otorga significación al cuerpo y a la sexualidad de las adolescentes. Desde la infancia y particularmente desde la pubertad, los cuerpos femeninos son disciplinados para el embarazo y la maternidad, y disociados de la sexualidad como fuente de placer. Para muchas mujeres jóvenes, la práctica de la sexualidad está acompañada de sentimientos de temor, riesgo y sumisión e imbricada con la posibilidad de la procreación.

En el caso de los varones, la constitución de la identidad de género requiere probar constantemente su condición de "verdaderos hombres" ante la amenaza de no ser vistos como tales (Badinter, 1993). Al respecto Butler (1993) desarrolla el concepto de "repudio", por el cual mostrarse varón implica rechazar lo que no se debe ser y diferenciarse constantemente de lo femenino, ya que la feminización y la homosexualidad pasiva constituyen la frontera más allá de la cual el varón pierde su condición masculina.

Para Bourdieu, la virilidad es entendida ante todo como virilidad física.

> [...] a través especialmente de las demostraciones de la fuerza sexual –desfloración de la novia, abundante progenie masculina, etc.– que se espera del hombre que es verdaderamente hombre se entiende que el falo, siempre presente metafóricamente pero muy pocas veces nombrado, y nombrable, concentra todas las fantasías colectivas de la fuerza fecundadora (Bourdieu, 2000: 24).

Algunos estudios señalan que entre los varones es frecuente el homoerotismo como una manera de afirmar la masculinidad, la potencia,y diferenciarse de lo femenino.

> Así, encontramos entre estas manifestaciones los juegos sexuales entre varones, las fantasías y las conductas de acercamiento-rechazo que tienen los adolescentes varones frente a personas homosexuales, [que] están muy vinculadas a la necesidad de diferenciarse de lo femenino reafirmando su masculinidad (Quintana Sánchez y Vásquez Del Águila, 1997: 68).

La identidad de género es crucial para ajustarse a los modelos estereotipados que adoptan mujeres y varones frente a la salud, a la enfermedad y a la sexualidad. Ivonne Szasz considera que en el vínculo género-salud la identidad de género opera sobre la percepción del propio cuerpo, su uso y su cuidado, y destaca la propuesta de

Bronfman y Castro[5] acerca de considerar la influencia de las identidades de género, de la práctica y saber médicos y los procesos de construcción simbólica de los cuerpos sexuados sobre la salud y la enfermedad (Szasz, 2000).

Desde la década de 1990 se ha avanzado en investigaciones que profundizan el tema del cuerpo como "locus" de los procesos sociales y culturales, que se expresan tanto en las representaciones sociales como en las políticas públicas y sanitarias sobre la reglamentación del uso sexual y reproductivo del cuerpo, así como en las nuevas formas de uso del cuerpo a través de las técnicas de manipulación genética como las de fertilidad asistida (Lamas, 1997).

Las adolescentes y los mensajes del cuerpo

Una de las manifestaciones de la desigualdad de género se expresa en el control social y moral de la sexualidad femenina cuando ésta no está asociada a la procreación. Éste es un lento proceso que comienza desde la infancia de las mujeres, para consolidarse con fuerza de imaginario social en la adolescencia y materializarse en esta etapa y luego en la adulta con serias consecuencias a nivel psíquico y físico.

Las transformaciones operadas en la segunda mitad del siglo XX se reflejan en la manera de ser adolescente mujer en los últimos treinta años, particularmente en lo referido a las relaciones de género y también a la salud sexual y reproductiva. En las décadas de 1940 y 1950, la mujer adolescente estaba conducida hacia un proyecto de vida que incluía fundamentalmente el casamiento, la crianza de los hijos y el trabajo doméstico. En la actualidad, la mujer ha cambiado significativamente en algunos aspectos clave, co-

5. Bronfman y Castro, "Teoría feminista y sociología médica: bases para una discusión", en J. Figueroa (coord.), *La condición de la mujer en el espacio de la salud*, México DF, Colegio de México, 1998; citado en Szasz (2000).

mo el inicio más temprano de las relaciones sexuales, una mayor inserción en la educación y su participación en el mercado del trabajo remunerado. La menarca se presenta a edades más tempranas –debido a cambios en los niveles nutricionales y en el desarrollo físico–, el inicio de las relaciones sexuales es más precoz y la formalización matrimonial se posterga cada vez más. Para las adolescentes la menarca adquiere la significación simbólica de una suerte de iniciación que las ubica en el plano de la femineidad, confundida en muchos casos con la maternidad.

Las perspectivas de las usuarias adolescentes

La investigación mostró que la información que tienen y reciben los adolescentes sobre su cuerpo, el ciclo reproductivo y los métodos anticonceptivos es generalmente escasa, en muchos casos confusa, distorsionada e imbricada en el imaginario de género que portan los principales emisores: la familia, el grupo de pares, la escuela y los servicios de salud.

En la entrevista se preguntó sobre la edad de la primera menstruación, la información que poseían al momento de la menarca, quién se las había proporcionado y qué significación adquiría para ellas la menstruación. Sobre este último punto una de las adolescentes entrevistadas relata:

> *Mi mamá me contó cuando le vino a ella y me dijo que me iba a sentir rara, y bueno, me sentí así como me había dicho ella. Lo conversé con mis amigas más que todo. Aparte justo menstruamos todas juntas, hacemos todo juntas, crecemos... todo* (14 años).

Otra de ellas señala:

> *Cuando me vino me puse a llorar... pero me gustó, porque me vino, no veía la hora de ser señorita. No sé por qué lloré* (15 años).

Otra expresa sentimientos de vergüenza:

Cuando menstrué no sabía nada, me dio vergüenza, no quería ser señorita (16 años).

Varios testimonios relacionan la menarca con una constatación de la posibilidad de la maternidad:

Sabía que podía ser mamá (16 años).

[...] a partir de entonces podía tener problemas... o sea... quedar embarazada (17 años).

[...] y desde ese momento... te tenés que cuidar (17 años).

La aparición de la menarca establece el abandono de la infancia y el paso de "ser señorita" con la posibilidad de ser madre, lo que obstaculiza en ese primer imaginario la apropiación de su sexualidad.

Yo sabía lo que era, pero el susto lo tiene siempre una... y grité "¡Mamá!... Sabía lo que dicen las madres de eso que me hacía señorita [...] si teniendo relaciones y no venía la menstruación era como que ya era un embarazo (20 años).

La actividad sexual adolescente no se corresponde en general con la incorporación de comportamientos preventivos. Éstos o no existen o son escasos, debido, entre otros factores, a las actitudes frecuentemente omnipotentes de los adolescentes, a la deficiente información y/o a la contención brindada en el ámbito familiar, escolar y de la salud.

Las políticas públicas desarrolladas desde las instituciones educativas y de salud para adolescentes en la Argentina son débiles. Es claro que su rol debiera centrarse en orientar y reforzar la prevención, particularmente la relación con las enfermedades de transmisión sexual, el VIH/sida y el embarazo precoz.

La indagación sobre el conocimiento acerca del cuerpo y sobre el ciclo reproductivo da cuenta de un alto grado de desconocimiento. La mayoría de las entrevistadas opinan que la información brindada en los colegios no es la adecuada en tiempo y forma salvo en escasas excepciones. Algunos testimonios así lo demuestran:

> *Útero, ovario, y lo otro no me acuerdo; en la escuela me lo enseñaron, pero yo no prestaba atención* (15 años).

> *Lo aprendí en biología en el colegio... no me acuerdo... [se ríe]* (16 años).

> *Eso me cuesta todavía... en el colegio me lo enseñaron... no todas tenemos la misma versión de los días fértiles* (17 años).

La percepción de la sexualidad masculina y femenina se expresa en el discurso de las entrevistadas de acuerdo con los estereotipos de género tradicionales que indican que para las mujeres la sexualidad debe estar asociada al amor y al compromiso mientras que para los varones la sexualidad se asocia a la búsqueda del placer sexual.

> *El hombre puede tener relaciones con un montón de mujeres que nadie se va a enterar; una mujer no es lo mismo* (17 años).

> *El hombre no pierde nada, puede tener las chicas que quiera, pero la mujer no... cómo queda la mujer si se acaba la relación. Yo me moriría, porque volver a entregarte a un hombre...* (19 años).

Sobre la iniciación sexual

Una de las adolescentes entrevistadas, recordando su primera experiencia sexual, señala que el chico con el que ella se inició sabía que era su primera vez pero no la trató como ella esperaba.

Yo sabía algo, pero no sabía bien lo que era: no me gustó, el chico con quien salía sabía que era mi primera vez, pero no me trató de forma particular... los hombres no se fijan en eso... mientras ellos la pasen bien (16 años, con un hijo).

Mientras que otra de ellas ubica esta diferenciación en los inconvenientes que le acarrea su condición femenina en torno al ejercicio de su sexualidad.

El hombre siempre zafa de todo, no queda embarazado ni se banca la menstruación... ni se depila tampoco (17 años).

Las primeras experiencias sexuales de las adolescentes que integraron la muestra traducen, a través de sus discursos, un primer momento de temor y vergüenza. Cuando las primeras relaciones sexuales ocurrieron en el marco de relaciones de "enamoramiento", el discurso suele ser más laxo, hablan de temor pero anteponen los afectos y enfatizan las decisiones compartidas, señalando que no hubo presiones por parte del varón o relatando relaciones donde predomina el diálogo.

Yo sí quería, pero me da vergüenza hablar de eso... me siento bien, me gusta (16 años).

Él no me insistió. Se dio ese día y bueno. Al ver la reacción de él me sentí más segura, claro... como diciendo... me valoró (17 años).

Bien... por un momento rara, porque no estoy conforme con mi cuerpo y me da como vergüenza, pero él me hace sentir bien, no me demuestra que soy fea ni nada (17 años).

En el polo contrario se ubican otras adolescentes que denotan en sus testimonios desconfianza hacia los varones con apreciaciones que expresan percepciones diferenciales de género en la valoración de la sexualidad y temor a ser maltratadas, subestimadas o abandonadas. En varios de los discursos de estas entrevistadas encontramos las siguientes expresiones.

> *Hablamos mucho de eso, yo tenía mucho miedo de quedar embarazada y también que se pudiera acabar [la relación]... ¿Cómo iba a quedar yo?* (19 años).

Otra de ellas relata su primera experiencia sexual como algo displacentero y producto de presiones.

> *Y... medio mal, porque yo sabía algo, pero no sabía bien lo que era* (16 años).

Una adolescente no iniciada sexualmente manifiesta temor y desconfianza frente a la posibilidad de establecer relaciones sexuales:

> *Yo quiero estar preparada, no tendría relaciones enseguida de salir con alguien, porque después para arrepentirme, no... Aunque puedas cuidarte creo que lo pensaría porque después te peleás con el chico ese y te trata de cualquiera* (14 años).

Anticoncepción y embarazo adolescente

Si bien en la Argentina no existen investigaciones sobre prevalencia de anticonceptivos en grandes muestras de población, a través de estudios puntuales, encuestas de hogares o estudios cualitativos, se verifica que la utilización de métodos anticonceptivos entre las adolescentes es menor que entre las mujeres adultas (López y Tamargo, 1995) debido a diversos motivos vinculados a la desinformación, los problemas de accesibilidad y/o los tabués sociales y religiosos. A la vez, dado que las relaciones sexuales suelen ser esporádicas y no planificadas, no recurren de manera sistemática al uso de métodos para controlar su fecundidad, aun en los casos en que posean conocimientos válidos sobre anticoncepción. Ello da lugar a embarazos que terminan en tempranas maternidades o a la recurrencia al aborto clandestino, con los riesgos que conlleva para su salud y su vida.

Datos recientes indican el bajo uso de anticonceptivos en las adolescentes argentinas, particularmente en algunas áreas urbanas. Entre las adolescentes de 15 y 19 años activas sexualmente, la información indica que en la Capital Federal no utilizan anticonceptivos el 13,6 %, en el conurbano bonaerense no lo hace el 55,4 % y en otras ciudades, como Rosario, Mendoza, Salta o Paraná, entre el 62 % y el 70 % no tiene relaciones sexuales protegidas (*Clarín*, 16 de diciembre de 2002, pág. 26, Consultora Equis, con datos del Ministerio de Salud, INDEC y SIEMPRO). Si a ello se suma el progresivo empobrecimiento que se registra en la totalidad del país y que tiene alta incidencia en las adolescentes, es esperable que los hijos nacidos de estas madres adolescentes o los abortos provocados entre las jóvenes constituyan un problema social y de salud de primera magnitud.

Existe coincidencia en los estudios epidemiológicos en señalar que la maternidad a edades muy tempranas, particularmente antes de los 15 años, aumenta las situaciones de riesgo para la madre y para el hijo. Sin embargo, el riesgo biomédico se concentra fundamentalmente en las adolescentes menores de 15 años, mientras que para las adolescentes mayores de 15 años los riesgos obstétricos y neonatales están más directamente asociados a los factores sociales y ambientales –como el nivel nutricional de la madre, los problemas de salud durante el embarazo y la falta de los adecuados controles durante el embarazo– que a la edad de la madre.

Si bien algunos estudios señalan que el embarazo adolescente provoca, en muchos casos, la interrupción de la escolaridad y las dificultades para su inserción laboral y capacitación (OPS, 1996: 243), hay autores que consideran que, particularmente en países de la región, los embarazos son posteriores al abandono escolar (Stern y García, 1996).

Asimismo, diversos estudios señalan que las adolescentes que comienzan su maternidad en esta etapa de su vida suelen tener mayor número de hijos sin los espacios intergenésicos adecuados. También se ha señalado que el embarazo adolescente está influenciado por factores familiares, como es el caso de los antecedentes familiares de embarazo en la adolescencia y la identificación de género entre madre e hija (Geldstein e Infesta Domínguez, 1999). Los modelos familiares conflictivos y fuertemente patriarcales inducen a que las adolescentes busquen una reparación afectiva adquiriendo independencia e ingresando al mundo adulto, ya que el propio le produce altas insatisfacciones. En muchos casos, para las adolescentes de sectores pobres, la maternidad se resignifica otorgando sentido a sus vidas en el marco de privaciones económicas y, en algunos casos, sin la necesaria contención familiar (Bianco, 1998).

El embarazo adolescente es, entonces, un elemento predictor de menor escolaridad, menores posibilidades de capacitación y de empleo y, en las adolescentes provenientes de hogares pobres, de profundización de la pobreza. En este sentido, se lo considera como un factor que contribuye a la reproducción intergeneracional de la pobreza. (Geldstein, Pantelides e Infesta Domínguez, 1995).

En las entrevistas a las adolescentes indagamos sobre estos temas preguntándoles sobre el conocimiento de prácticas preventivas, la utilización de métodos anticonceptivos, la fuente de información sobre ellos y la iniciativa en la pareja sexual para su uso. Algunos testimonios son elocuentes al respecto. Una de las entrevistadas no iniciada relata:

> *No tengo los nombres, pero sé que se puede prevenir con pastillitas o usando el coso* (14 años).

Esta adolescente dice conocer estos métodos, pero no cómo se deben usar. Se informó en charlas de la escuela realizadas una vez por mes. No habló del tema con su madre, pero refiere que, si tiene dudas, lo hablaría. Otra de ellas, que estaba embarazada en el momento de la entrevista, sólo conoce el preservativo.

> *La primera vez él se puso un forro. Al principio lo usaba, después ya no...* (15 años).

En cuanto a la información que recibía en el servicio, refiere que el médico que la atendía le decía que se cuidara.

> *Cuando se enteró que estaba embarazada [el médico] me quería matar, me decía que me cuide y todo eso. Que si yo no usaba nada que lo usara él, y me recomendó que usara forro... lo que pasa es que a mí no me gusta hablar mucho con los doctores, mucha confianza no tengo.*

Otra de las adolescentes dice conocer las pastillas y el dispositivo intrauterino.

> *[Una mujer] puede quedar embarazada a mitad de la menstruación [Según relata se informó] entre conocidos, amigos... a veces con médicos, pero más hablo con mi novio o amigos. Me cuido para no quedar embarazada* (17 años).

Otra entrevistada, también embarazada, no conoce los métodos anticonceptivos; los amigos le decían que se tenía que cuidar, pero nunca lo hizo. Tuvo charlas en el colegio pero nunca usó anticonceptivos.

> *Lo habíamos hablado con mi novio y él me dijo que para qué, que si quedaba embarazada lo iba a tener* (17 años).

Las adolescentes y el aborto

El aborto tiene una alta incidencia en el país; distintas estimaciones consideran que anualmente entre 350.000, 500.000 e incluso un millón mujeres acuden al aborto para interrumpir embarazos involuntarios (Checa y Rosenberg, 1996; Atucha y Pailles, 1996;[6] Nicholson, 2002). La ilegalidad y, por lo tanto, la clandestinidad del aborto inducido y las condiciones de asepsia y precariedad en que muchos de ellos se realizan se reflejan en las elevadas tasas de mortalidad por esta causa y en las secuelas sobre la salud de la mujer, particularmente entre las mujeres más pobres y excluidas del espectro social. Las adolescentes no son ajenas a esta situación. Entre ellas, las muertes por aborto representan el 11 % de las muertes de mujeres gestantes por esta causa (Ministerio de Salud, 2001). Algunos estudios cualitativos e información provista por servicios de adolescencia de los hospitales públicos indican que las adolescentes recurren al aborto de manera creciente y de manera correlativa a las dificultades que encuentran para informarse y asesorarse en el ámbito escolar y en los servicios de salud y recibir anticonceptivos adecuados a su edad en estos últimos.

El aborto, por las condiciones señaladas y por la fuerte presión ejercida por la Iglesia y la sociedad, es un tema que está profundamente estigmatizado en todos los grupos de edad, existiendo un divorcio entre la práctica real y las apreciaciones sobre él. En el caso de las adolescentes, esta dificultad es aún mayor.

Los testimonios de las jóvenes entrevistadas en torno al aborto revelan en general sanción moral y culpa con algunas excepciones toleradas.

> *Está mal. Me parece mal, porque a nadie obligan a tener relaciones así que uno tiene que saber lo que está haciendo y hacerse responsable* (14 años, no iniciada sexualmente).

> *Y... qué sé yo... está mal, lo aceptaría en caso de violación* (16 años).

> *En caso de miseria* (20 años).

6. Mencionado en Gogna, Gutiérrez y Romero (2001).

Si ya está, ya está... no me parece bien... por qué voy a matar esa vida si ya está (18 años).

Es feo, me parece que puede ser una solución si no lo puede criar (19 años).

La criatura no tiene la culpa... la culpa la tendremos los padres, pero no la criatura (19 años).

Habría que ver la situación... si no está bien con la persona que tiene a su lado sería cuestión de pensarlo, se podría interrumpir. Al menos yo no lo tendría... pero si la macana me la mandé yo... la culpa es de los dos, pero la responsabilidad es nuestra, dice mi mamá (16 años).

Otra de ellas tiene una posición más flexible sobre el aborto:

Y... no sé... depende de la situación. Yo no sé qué haría, depende. Por ahora no quisiera tener un bebé, no me siento preparada. Yo no lo veo mal... hay que estar en ese momento (17 años).

En un caso se alude al riesgo:

¡Ah! Es feo, refeo, porque mi hermana se hizo y se fue casi al otro lado, refeo, refeo (14 años).

Los servicios de salud para adolescentes

Durante un período prolongado, los sistemas de salud, en gran parte de los países de la región, no consideraron la necesidad de establecer servicios de salud particularizados para esta franja etárea. De esta manera, existía un vacío en la atención de los problemas propios de esta etapa. Del consultorio del pediatra, quien cumple un rol clave tanto para el niño como para la familia, el adolescente pasaba sin intermediaciones a los servicios de atención de la salud adulta.

Esta situación ofrecía dificultades en la contención de problemáticas específicas por parte de los servicios de salud y obstaculizaba la posibilidad de trabajar con los adolescentes en un nivel primario. Todavía es posible afirmar que la salud adolescente no es prioritaria en la Argentina ni en varios países de la región y pocas veces está contemplada como prioridad en la agenda pública. En todo caso, según señala una especialista de la OPS, los programas de salud para los adolescentes en nuestros países se implementan a partir del reconocimiento de las situaciones de riesgo que los comprometen, como la deserción escolar, las adicciones o la violencia, y buscan modificar sus comportamientos. De esta manera, la mayoría de estos programas focaliza su atención en la prevención secundaria y terciaria.

Los servicios de adolescencia en los hospitales de la Ciudad de Buenos Aires

En el sistema hospitalario de la Ciudad de Buenos Aires son pocas las instituciones que tienen servicios de adolescencia. Existen 16 servicios de adolescencia en los hospitales de esta jurisdicción, pero sólo en tres de ellos –el Hospital Argerich, el Hospital Pedro de Elizalde (Hospital de Niños) y el Hospital Rivadavia– funciona un sector destinado a la salud reproductiva. En el resto existen programas, pero hasta el año 2000 no se encontraban estructurados como servicios.

Los adolescentes llegan a los servicios por la vía de derivaciones de los médicos pediatras, por recomendación de los padres o vecinos del barrio, por las escuelas que están enteradas de su existencia, o por amigos que han realizado consultas en estos servicios. Por ello puede afirmarse que la demanda de consultas de adolescentes por problemas de salud está direccionada por las características de la oferta hospitalaria.

En el caso de los hospitales con un área programática en el barrio de referencia, como es el caso del Hospital Argerich o del Hospital Pirovano, se enteran de la existencia del servicio en el barrio, en las escuelas o en los centros de salud desde donde son derivados.

Es interesante destacar la estrategia de "oportunidades perdidas" que desarrolla el Hospital Argerich. Este servicio busca captar a los adolescentes cuando concurren por cualquier malestar, aprovechando esa ocasión para lograr una atención integral –exámenes clínicos, peso y talla– y básicamente incidir con información sobre cuidados preventivos para su salud relacionada con su sexualidad. Esto lo logran mediante talleres, reuniones informales utilizando el tiempo en la sala de espera, etcétera. Especialmente apuntan a los jóvenes con mayor vulnerabilidad. Una de las profesionales de este servicio señala:

> *Si en una entrevista por certificado de salud ya detectamos factores de riesgo, ahí iniciamos el seguimiento* (trabajadora social).

Perfil de la demanda adolescente según los profesionales

Los profesionales entrevistados reflexionaron sobre el perfil de la demanda que concurre a su servicio y coincidieron en señalar un notable cambio ocurrido en la última década como producto, en gran medida, de la coyuntura por la que atraviesa la Argentina. El ajuste económico llevado a cabo por los diferentes países latinoamericanos, en función de la aplicación de políticas basadas en el modelo neoliberal y la aceptación de las directivas del FMI y el Banco Mundial, ha provocado una merma considerable en los presupuestos nacionales destinados al área social. En la Argentina esto ha repercutido principalmente en las esferas públicas de salud y de educación. El descenso de los fondos destinados al área de la salud ha causado una fuerte crisis en los servicios públicos. Las partidas presupuestarias son escasas y no cuentan con los recursos humanos y materiales necesarios para atender la demanda. Ello obliga a que cada hospital público deba implementar estrategias propias para proveerse de sus propios recursos. A través de lo que se conoce como "autogestión", los contratos con empresas privadas y el arancelamiento de la atención médica son algunas de las modalidades utilizadas para obtener recursos.

La situación que atraviesan los hospitales públicos debe contextualizarse dentro del marco del ajuste económico que se ha señalado precedentemente, poniendo en evidencia otros efectos del ajuste: el desempleo, la caída del salario real, la desregulación de las obras sociales y la distribución diferenciada de los recursos financieros.

Existe un gran número de personas que ha quedado sin empleo y, por lo tanto, sin cobertura médica. Paralelamente, el alza del costo de vida, descompensado por la caída del salario, hace que aquellos individuos que habían contratado seguros privados de salud ya no puedan seguir conservándolos. A su vez, la distribución desigual de las partidas presupuestarias al área de la salud fomenta la concentración de recursos sanitarios en determinados lugares en detrimento de otros. Como resultado de todos estos procesos, una gran masa de población carente de cobertura debe recurrir a los servicios públicos de salud, recargándolos considerablemente.

De los cuatro hospitales públicos seleccionados para este estudio, solamente el Hospital de Clínicas, dependiente de la Universidad de Buenos Aires, se encuentra arancelado. Esto y su ubicación geográfica trae aparejado diferencias considerables en cuanto al perfil social de la demanda. En este hospital, para acceder a la atención es necesario contar con una cobertura social o bien abonar un arancel. A partir del momento en que comienza a implementarse esta medida, en el año 1996, los profesionales advierten modificaciones en el perfil de la población que consulta. La demanda fue variando de sectores más pobres hacia sectores medios y medios altos, registrándose en el Programa de Adolescencia una disminución de alrededor de un 40 % de la atención.

Algunos testimonios de los profesionales entrevistados en este hospital dan cuenta de esta situación.

> *Años atrás concurría gente más humilde, ahora el bono cuesta ocho pesos y el perfil cambió, se acerca un sector medio. Si vos te sentás en la sala de espera, vas a ver uniformes de colegios privados* (psicóloga).

> *Con la cuestión del arancelamiento está restringida la capacidad de atención a un sector social, y lamentablemente se hace difícil la atención del paciente de clase baja* (ginecóloga).

> *La demanda cambió a partir del cobro del arancel, la gente viene derivada de las provincias por algún problema específico, los de Capital prefieren otro servicio que sea gratuito* (pediatra).

Otros entrevistados mencionan que la gran mayoría de su población proviene de la zona en que se encuentra ubicado el hospital –zona céntrica de la Ciudad de Buenos Aires– y, en muchos casos, se trata de adolescentes cuyos padres son profesionales o comerciantes. La demanda proveniente del conurbano bonaerense y del interior del país es escasa, sólo se da en aquellos casos en los que se presenta una patología particular que requiere una atención especializada en el Hospital de Clínicas.

> *La gente del conurbano ya no concurre porque no tiene plata para el colectivo ni para el arancel* (psicóloga).

> *Antes, la población era más carenciada; hoy, hay más clase media, hijos de profesionales* (ginecóloga).

En el Hospital Pirovano los profesionales observan, además de una variación cualitativa, un incremento cuantitativo de la demanda de pacientes adolescentes carenciados de diferentes zonas del conurbano bonaerense, quienes se acercan al servicio porque los hospitales provinciales no cuentan con atención específica para adolescentes o porque no llegan a cubrir la demanda. Por otro lado, aluden a que es mayor el número de pacientes que atienden debido a que se suman ahora las capas medias que han quedado sin cobertura médica.

> *Cambió la población hospitalaria, gran parte de la gente se quedó sin cobertura médica* (psicóloga).

> *Tenemos un gran cambio, nosotros teníamos un hospital donde los que más se atendían eran de clase baja porque estamos a una cuadra del ramal José León Suarez... El perfil cambió notablemente... La que hoy concurre es una clase media y clase media baja, sobre todo en el turno vespertino* (ginecóloga).

Dada la ubicación geográfica en que se encuentra el Hospital Pirovano, los profesionales no sólo tienen que cubrir la demanda de la población de Capital Federal sino que deben atender la demanda de los usuarios y usuarias provenientes de los sectores más pobres de la provincia de Buenos Aires, quienes despliegan estrategias para que sus pacientes no interrumpan las consultas:

> *En el hospital los médicos atienden a pacientes de clase media que antes no atendían. Mucha población de colegios privados que consultan a espaldas de sus familias. También hay pacientes del suburbano que llegan porque los hospitales de su zona no dan abasto. Se trata de espaciar las consultas de esta población, porque no tienen plata para viajar* (psicóloga).

La situación del Hospital Argerich se asemeja bastante a la del Hospital Pirovano pero, a diferencia de éste, se encuentra en la zona sur de la Capital Federal, lindando con la provincia de Buenos Aires. Su funcionamiento no sólo se limita a satisfacer la demanda proveniente de su radio de influencia capitalina, sino que además atiende a los pobladores de los barrios del conurbano bonaerense cercanos al hospital. Según la información proporcionada por los prestadores en el Hospital Argerich, el 60 % de los adolescentes que atiende el servicio son mujeres provenientes de sectores medios bajos y bajos de los barrios porteños de La Boca, Barracas, San Telmo y Constitución, como así también de las localidades bonaerenses de Avellaneda, Francisco Solano, Quilmes y Florencio Varela. Las menores de 15 años están mayoritariamente escolarizadas y concurren al servicio acompañadas por sus madres, quienes, en general, son las que solicitan la consulta. Las mayores de 15 años, por lo general, no están escolarizadas y acuden a la consulta por voluntad propia, ya sea solas o en compañía de sus parejas.

Los profesionales caracterizan la demanda de sus servicios de la siguiente manera.

> *El nivel de chicas que concurre es, diría, de una clase social media baja y baja, la mayoría son escolarizadas pero, sin embargo, tienen ignorancia de muchas cosas* (médica clínica).

> *En general acá lo que uno va a encontrar es una clase baja, ahora también una clase media tirando a baja, por la situación económica... en general son escolarizadas, pero muchas con escolarización incompleta* (médica psiquiatra).

> *El perfil siempre ha sido bajo, pero ahora está cambiando, no es que las adolescentes hayan aumentado su nivel económico, muchas chicas han perdido su obra social o su prepaga* (médica ginecóloga infanto-juvenil).

> *En el último año, o dos años, había muchas más adolescentes marginales, de villas venían bastante y ahora es como que vienen menos... Hay un incremento de la clase media baja que antes tenía una obra social* (ginecóloga).

Según los profesionales del Hospital Rivadavia se pueden establecer características particulares de la población que concurre al Servicio de Adolescencia. Se trata de una demanda con perfiles bastante disímiles a los otros servicios relevados. Si bien este hospital está ubicado en una zona residencial de la Capital Federal, el nivel socioeconómico de la zona no coincide con el de sus pacientes. Los prestadores manifiestan que muchas de las adolescentes que atienden provienen de capas sociales empobrecidas del interior del país como así también de países limítrofes. Estas jóvenes, debido a la situación crítica de sus lugares de orígenes, arriban a la ciudad en busca de trabajo y suelen desempeñarse como empleadas domésticas en viviendas aledañas a la zona del hospital. La mayoría tiene la enseñanza primaria completa y, en algunos casos, la secundaria incompleta, y suelen concurrir al servicio por recomendación de sus empleadores.

> *La población ha cambiado. Antes tenían más pacientes que trabajaban como empleadas domésticas en la zona, ahora tienen pacientes de clase media que tienen acceso a obras sociales de poca jerarquía que no cubre su demanda. Igual hay mucha población migrante del interior del país* (ginecólogo).

> *Muchos migrantes del interior del país e inmigrantes de Perú y Chile, también atienden gente del Gran Buenos Aires* (ginecóloga).

Los prestadores de salud en los hospitales estudiados

Con respecto al instrumento metodológico aplicado a los prestadores, se buscó conocer su conceptualización acerca de la adolescencia. Se esperaba que ésta respondiera a las definiciones clásicas en función de su formación profesional, pero que a la vez estuviera referenciada por la realidad cotidiana de su trato con esta población a través de la práctica hospitalaria. El tema se abordó a partir de dos preguntas disparadoras: ¿cómo conceptualizaría la adolescencia? y ¿su conceptualización es coincidente con la del servicio?

En términos generales pudimos establecer la incidencia que tiene la formación profesional en la formulación de estas conceptualizaciones, a partir de dos posturas: los médicos enfatizaron los aspectos biomédicos, mientras que los profesionales provenientes de las ciencias sociales (trabajadores sociales, psicólogos y psicopedagógos) pusieron el acento en los aspectos socioculturales y los cambios en la subjetividad adolescente. Si bien se han logrado ciertos avances en la interdisciplina, que en términos de los distintos programas aparece como uno de los ejes importantes para la atención integral de los adolescentes, ésta no se encuentra lo suficientemente consolidada en los servicios.

En las respuestas sobre la conceptualización de la adolescencia un rasgo común que se presenta entre los prestadores es la alusión a las definiciones tradicionales de cambio y transición.

> *Es una etapa muy importante en la vida porque, por un lado, es una etapa depresiva en la que hay muchos duelos que superar, pero junto a los duelos está el renacer biológico de los ideales; en fin, es una etapa muy importante en la vida, creo que todas lo son, pero ésa creo que marca en especial porque se resignifica la niñez y se abre el futuro, en especial, es la etapa de la fuerza, compleja, por otro lado, por estas mismas cosas y precisan de adultos como interlocutores* (psicóloga).

Esta misma profesional considera que su visión es compartida por el servicio.

> *Sí, yo creo que sí, porque a su vez yo vine con una visión y me enriquecí con la que me dieron... yo creo que a la larga uno termina estando con los afines, diferentes pero afines.*

Otro punto en común es el enfoque biologicista y fragmentario.

> *La adolescencia es un período de transición... y tenés tres períodos distintos. Hablamos de una adolescencia temprana, media y tardía... Eso va de acuerdo con las diferentes edades con las cuales nos manejamos... A partir de los trece años o desde cuando comienza la etapa puberal, después de los quince a los dieciocho, y a partir de los dieciocho* (ginecóloga).

Una ginecóloga infanto-juvenil esboza una interesante definición sustentada en el trato cotidiano y el conocimiento de adolescentes mujeres pertenecientes a las franjas pobres y empobrecidas de la ciudad de Buenos Aires.

> *Es una etapa en la vida en la cual la idea es que se alcance la maduración psicofísica y social como para pasar a la etapa de adultez. Es una etapa de cambios donde hay que tener en cuenta varios parámetros, fundamentalmente en la atención del adolescente de acuerdo a la normalidad. De acuerdo al medio social son distintas las características. Acá las adolescentes que vienen son más maduras, maduran más rápido a la fuerza, no es que la maternidad las madure, pero las hace pasar etapas más rápido. En cambio, en la práctica privada, una chica de 17 años es totalmente dependiente de su familia económicamente, tiene otros proyectos de vida, de estudios. Acá de pronto son adolescentes que tienen que salir a trabajar a los 14 años o están desarraigadas, son adolescentes por edad, pero en la maduración van saltando etapas* (ginecóloga infanto-juvenil).

En lo que podría reconocerse como una definición pragmática, producto de la realidad social que enfrentan cotidianamente los prestadores del servicio, se inscribe la siguiente reflexión de otra de las profesionales.

> *Es un período de desarrollo del ser humano. Nosotros, con el tipo de población que recibimos, a veces no coincide con las características de lo que algunos libros dicen... Las chicas parecen mucho más adultas por las cosas que les toca vivir... Entonces este período parece que a veces se salteara. Entonces debido a este aspecto social estos chicos no tienen los cuidados... Por eso digamos que en esta población a veces uno habla de*

adolescentes por la edad, pero las responsabilidades que tienen son de adultos y la conflictiva muchas veces es de adolescentes (psicóloga).

Los testimonios de estos prestadores son elocuentes en la medida en que son producto de la interacción con los adolescentes. En su experiencia cotidiana, estos profesionales recogen los problemas y las dificultades que enfrentan los jóvenes provenientes de sectores de escasos recursos, quienes son los que generalmente concurren a estos hospitales.

Los motivos de consulta según los profesionales

El atraso en el ciclo menstrual, la prescripción de métodos anticonceptivos (MAC), la violencia familiar, el abuso sexual y los trastornos en la alimentación son los principales motivos de consulta según los profesionales entrevistados. Cabe señalar que ellos advierten diferencias con respecto a la forma en que se manifiestan estos temas. En lo que se refiere a consultas destinadas a la prescripción de MAC, el pedido es explícito; en cambio, el abuso y la violencia aparecen encubiertos. A través de reiteradas consultas se va forjando un vínculo entre el médico y la adolescente, gracias a lo cual el problema comienza a manifestarse. Lo que puede advertirse sobre el tema del abuso sexual o la violencia familiar, a través de las apreciaciones resultantes de sus prácticas, es que estas problemáticas no son exclusivas de un determinado sector social, como producto de bajos niveles educativos y situaciones de pobreza, sino que cruzan a todos los sectores sociales. Según señalaron algunos entrevistados, para los efectores de salud éste resulta ser un tema muy difícil de abordar, pues no sólo involucra a la adolescente, sino que también compromete al grupo familiar y, dadas las condiciones generales organizativas de los servicios, resulta prácticamente imposible atender a todo el grupo en una terapia.

Los trastornos en la conducta alimentaria y la búsqueda de orientación vocacional son cuestiones por las que las adolescentes también consultan y que, al igual que los anteriores motivos, atraviesan todos los estratos sociales. Esto se vincula a la preocupación por su inserción laboral –para lo cual consideran que deberían reunir las condiciones estéticas requeridas socialmente para un puesto de trabajo– o por responder a un modelo estético dominante de figuras femeninas a emular.

Conocimiento del cuerpo, ciclo reproductivo y anticoncepción

La mayoría de los profesionales opinan que los adolescentes tienen escasa información acerca de estos temas y que ella proviene básicamente de la escuela o del grupo de pares. Algunos señalaron que ni siquiera en la escuela se les brinda este tipo de información.

Con respecto a los MAC, los profesionales sostienen que en muchos casos las adolescentes los conocen, pero que en la práctica no los usan o no saben cómo funcionan exactamente cada uno de ellos; a la vez, muchas ignoran el funcionamiento de su organismo. Dos profesionales que coincidieron con esta apreciación plantearon una alternativa de trabajo a partir de los preconceptos de las usuarias e incorporando nueva información sin desechar los saberes preexistentes.

> *No existe la no información, no es cuestión de dar información y nada más, es indispensable elaborar la información que todo el mundo, todo el mundo tiene. Bueno, no existe la no información, sí existe la información que viene de lo que nosotros llamamos mitos, fantasías, información de las familias o de los propios prejuicios de la familia. Información tergiversada, errónea, cargada de prejuicios, información destinada a censurar la actividad sexual. Entonces lo que se hace es trabajar sobre esa información, volcarla sobre la mesa para poder reelaborar esa información* (ginecólogo).

En otro servicio, una profesional coincide con estas apreciaciones.

> *No conocen lo que es un ovario, qué es trompa... no tienen información ni ella, ni las madres, ni las que las acompañan a pesar de que uno les da y les da charlas y demás. Bueno, también van al fracaso con el MAC... juegan muchas cosas, la omnipotencia del adolescente, del que todo lo puede, si yo no quiero no me embarazo, o ¡qué me voy a quedar embarazada!, y... un embarazo confirma la posibilidad de la fertilidad, y esto en el imaginario de una adolescente es algo de mucho peso* (médica pediatra).

Por su parte, una ginecóloga considera que confluyen distintos factores para que los adolescentes no se cuiden en sus relaciones sexuales. Entre ellos señala desde las características de personalidad de los jóvenes hasta problemas reales como el que no tienen plata para comprarlos, que no tienen conocimiento sobre el ciclo reproductivo y que provienen de un medio carenciado.

> *Los usan [los anticonceptivos] siguiendo la personalidad del adolescente: a veces sí, otras no* (ginecóloga).

La misma ginecóloga, de larga experiencia con adolescentes, relaciona la renuencia de las chicas a usar anticonceptivos con una cuestión de género. Para esta entrevistada, las chicas del medio social que acuden a ese hospital están más desvalorizadas en su relación con los hombres.

> *Vos le preguntás: "¿por qué no usás preservativos?", y te contestan porque él no quiere* (ginecóloga).

En el abordaje de la salud adolescente, todos los entrevistados enfatizan la necesidad de realizar un trabajo interdisciplinario considerando el aporte que realizan las distintas disciplinas para lograr una atención integral. Sin embargo, en la práctica esto es muy difícil de aplicar.

Desde sus comienzos, la medicina ha hecho del cuerpo su objeto de estudio y la enfermedad aparece como un observable que obedece a factores naturales y sociales. La ciencia médica se ha ido especializando de manera tal que cada parte del cuerpo humano es objeto de determinada especialidad, y por su configuración hegemónica deja poco espacio para la interdisciplina y la horizontalidad en el abordaje de una problemática tan compleja y multifacética como la sexualidad adolescente. Para el modelo médico predominante resulta difícil concebir al ser humano como un todo complejo, el cual requiere miradas y abordajes integrales basados en un enfoque interdisciplinario.

A esto se agrega que las condiciones de trabajo no favorecen dichos abordajes. Muchos de los profesionales son voluntarios y se encuentran sobrecargados de demanda, los contratados reciben salarios bajos y muchos de ellos deben completar sus ingresos con la práctica privada. Estos factores obstaculizan en gran parte el logro del muy bien intencionado abordaje preventivo e integral.

Enfermedades de transmisión sexual y VIH/sida

Con respecto a este tipo de patologías, los profesionales sostienen que las adolescentes carecen de información sobre ellas o manejan conceptos muy equivocados. Advierten que el VIH/sida está aumentando sobre todo en las mujeres y que, en general, las adolescentes no demandan un análisis para detectar el virus. En los casos en que sí lo requieren, la situación se torna algo compleja, pues deciden hacerse el examen a espaldas de sus padres, no teniendo presente que necesitan autorización de ellos para realizarlo. Los profesionales dicen encontrarse en una encrucijada: por un lado, no pueden transgredir las reglas hospitalarias y la autoridad paterna pero, por otro, quieren respetar la decisión del adolescente.[7] En estos casos se despliegan una serie de estrategias destinadas a convencer al paciente para que aclare su situación frente a sus padres y que no abandone la concurrencia al servicio. Asimismo, atribuyen a la omnipotencia propia de la adolescencia la falta de prevención frente a las ITS y al sida.

> *Chicos que usan sustancias saben que se pueden contagiar el sida, a lo mejor tienen relaciones sin protección y vos les decís, pero es como que ya saben que son de riesgo y saben todo, es como que creen que a ellos no les va a pasar nada* (pediatra).

En las adolescentes, el miedo mayor sigue siendo el embarazo, si bien conocen los riesgos de la falta de prevención frente al VIH/sida.

> *Se preocupan más por evitar el embarazo que el sida, sostienen conductas que de alguna manera previenen el embarazo: coito interruptus, cuidarse en los días fértiles; pero no piensan en la posibilidad del contagio de una enfermedad de transmisión sexual* (psicóloga).

Mientras que otra relata:

> *No tienen alerta sobre las enfermedades de transmisión sexual, en general su temor es el embarazo... Con el sida, los adolescentes no tienen clara noción de la gravedad del tema... un poco por omnipotencia de los adolescentes de decir: "por qué yo", no miden por dónde viene el virus, sino por los efectos* (ginecóloga infantil).

Otros profesionales consideran las ITS como un riesgo más entre tantos otros y sostienen que la información brindada al respecto hace que se genere temor pero no logra

7. Actualmente existe la ley 418 de la Ciudad Autónoma de Buenos Aires por la cual esta situación se encuentra salvada, pues posibilita que los adolescentes concurran a los servicios para obtener información contraconceptiva aun sin la anuencia de los padres o tutores.

que se tome conciencia real del problema, lo que facilitaría la adopción de conductas preventivas.

Percepción de los prestadores sobre el embarazo y el aborto

En el discurso de los prestadores, la percepción del embarazo adolescente esta estrechamente vinculada a la que transmiten las adolescentes, para quienes la posible maternidad o el aborto son situaciones conflictivas y viables ante un embarazo involuntario. También para los profesionales, estos dos temas están asociados al tratarse de adolescentes, pues son parte de una situación conflictiva que deben enfrentar en su práctica cotidiana.

Según destacaron varios de los profesionales entrevistados, existen muchas adolescentes embarazadas que se presentan requiriendo que se les practique un aborto. Esto demuestra un desconocimiento acerca de su ilegalidad en el país. En otros casos, son los propios padres quienes llevan a sus hijas al servicio para que los médicos les recomienden alguien que pudiera realizar el aborto.

> *Las adolescentes no tienen ni siquiera idea de que es ilegal y en muchos casos van al hospital para que se lo practiquen, desconocen además los riesgos que implica un aborto...* (psicóloga).

La opinión de los profesionales frente a estas situaciones varía según el servicio. Cada hospital junto con el servicio en particular son los que marcan la pauta de atención de esta problemática. Uno de los servicios se inclina por asesorar a la adolescente y a su familia acerca de los riesgos que implica un aborto, pero de ninguna manera influye en su decisión. Otros, sin embargo, son proclives a incentivar la continuidad del embarazo y, en algunos casos, se fomenta la posibilidad de adopción. Según los profesionales, la interrupción del embarazo es más frecuente entre las adolescentes pertenecientes a clases medias y medias altas.

Un profesional entrevistado considera que en general, frente a un embarazo, la tendencia de las adolescentes es interrumpirlo. También comenta que, cuando habla con las pacientes, éstas tienden a idealizar la situación. De todas maneras, señala:

> *Cuando interrumpen un embarazo vuelven al servicio en busca de un sostén psíquico, se insiste mucho para que vuelvan al servicio después de un aborto, ya que se saben las condiciones en que habitualmente se practican* (ginecólogo).

Según una de las médicas:

> *En el hospital hubo casos de chicas que han tratado de abortar por métodos caseros como la sonda... es como que el aborto es un recurso en aquellos que, por falta de información, falta de educación, quedan embarazadas y, a partir de allí, toman real conciencia de que es un problema grave una adolescente embarazada, aparte relacionado con sus bajos recursos. Lo hacen de una manera infrahumana, inconscientes. Aparte creo que no se plantean una cuestión ética* (médica clínica).

Otra de las profesionales hace alusión al perfil social de las adolescentes que acuden al aborto.

> *En las adolescentes que atiende el servicio, el aborto se da en menor proporción que en la clase media. Las adolescentes de este entorno [clase media y media baja] toman el embarazo como algo propio de su condición de mujer; algo que puede suceder* (ginecóloga).

En muchos casos, la concreción de la maternidad, aun en los casos en que los hijos no hayan sido buscados, puede ser vista, particularmente en las adolescentes provenientes de hogares pobres, como la realización de un proyecto de vida y la posibilidad de contar con algo propio en situaciones de vulnerabilidad social y emocional.

Consideraciones finales

Si bien éstas son algunas aproximaciones a la problemática estudiada, puede afirmarse que la salud sexual y reproductiva de los adolescentes es un tema multifacético, y por lo tanto complejo, donde el ejercicio de sus derechos, en general, y en particular los sexuales y reproductivos, suele provocar fuertes polémicas. Ésa es una de las razones por las cuales el tema tiene escasa presencia en las agendas públicas.

A continuación destacamos algunos puntos que hemos considerados relevantes.

- Algunos de los factores que afectan y condicionan la salud sexual y reproductiva de las adolescentes son la pertenencia socioeconómica, la escasa información anticonceptiva, el poco conocimiento del cuerpo y su funcionamiento, el inicio temprano de las relaciones sexuales, las relaciones de género que ubican a la mujer en un lugar de dependencia de las decisiones masculinas, el limitado acceso a los efectores de salud y el nivel educativo.
- El temor de las adolescentes a embarazos no buscados limita el ejercicio pleno y preventivo de la sexualidad.
- Algunos de los factores que obstaculizan la llegada de las adolescentes a los servicios de adolescencia son la escasa difusión de los servicios entre los usuarios adolescentes, las trabas que imponen sus familias para facilitar o promover la consulta especializada, las dudas y desconfianza respecto de la privacidad y/o confidencialidad entre las usuarias y los profesionales.
- Si bien las estadísticas dan cuenta de que el embarazo adolescente no ha aumentado sustantivamente en la última década, la tendencia a mantenerse estable y presentar leves picos de aumento en el embarazo

adolescente precoz (menores de 15 años) coloca este tema junto al de las ITS y VIH/sida como prioritario en la agenda social.

- El trabajo interdisciplinario reconocido por los profesionales como necesario para el abordaje de la problemática de la salud adolescente se encuentra obstaculizado, entre otros factores, por la crisis instalada en el sector salud agravada hace más de una década y la vigencia de un modelo de atención curativo y asistencial, que privilegia el enfoque biomédico en detrimento de un abordaje integral que contemple aspectos sociales, de carácter preventivo y anticipatorio, incorporando además la perspectiva de género.

Finalmente, sugerimos algunas recomendaciones con la intención de aportar elementos que permitan que los adolescentes puedan construir un proyecto de vida en el marco de decisiones autónomas e informadas, libre de coerciones y garantizando los derechos que los amparan como ciudadanos.

- Crear y/o fortalecer programas integrales de atención en salud sexual y reproductiva de los adolescentes, enfatizando el abordaje preventivo a través de la captación en el nivel primario de atención e incorporando en dicha atención la perspectiva de género.
- Contemplar las necesidades y los derechos de los adolescentes en su calidad de actores sociales relevantes, garantizando la plena vigencia del conjunto de sus derechos, incluidos los sexuales y reproductivos, y atendiendo a las recomendaciones de las conferencias internacionales mencionadas a través de una efectiva intervención del Estado y de las organizaciones de la sociedad civil.

- Sensibilizar y capacitar a los prestadores de salud reproductiva de los adolescentes y a los organismos gubernamentales y no gubernamentales sobre la problemática de salud sexual y reproductiva de la población adolescente.
- Garantizar, por parte de los servicios de adolescentes, la privacidad y confidencialidad.
- Fortalecer los dispositivos estatales para efectivizar la Ley 418 de Salud Sexual y Procreación Responsable del Gobierno de la Ciudad de Buenos Aires, así como la incorporación en el diseño de políticas públicas de las recomendaciones emanadas de las Conferencias Internacionales de Población y Desarrollo de El Cairo (1994) y de la Mujer de Beijing (1995), como los instrumentos adecuados para mejorar la situación de la salud sexual y reproductiva de los adolescentes en nuestro país. Entre ellas destacamos dos.

> Hasta ahora los servicios de salud reproductiva existentes han descuidado en gran parte las necesidades en esta esfera de los adolescentes como grupo. La respuesta de las sociedades a las crecientes necesidades de salud reproductiva de los adolescentes debería basarse en información que ayude a éstos a alcanzar el grado de madurez necesario para adoptar decisiones en forma responsable. En particular debería facilitarse a los adolescentes información y servicios que les ayudara a comprender su sexualidad y a protegerse contra los embarazos no deseados, las enfermedades de transmisión sexual y el riesgo subsiguiente de infecundidad (punto E, párrafo 7.41, CIPD, El Cairo, 1994).

> [...] se exhorta a los gobiernos a que, en colaboración con las organizaciones no gubernamentales, atiendan las necesidades especiales de los adolescentes y establezcan programas apropiados para responder a ellas. Estos programas deben incluir mecanismos de apoyo para la enseñanza y orientación de los adolescentes en las esferas de las relaciones y la igualdad entre los sexos, la violencia contra los adolescentes, la conducta sexual

> responsable, la planificación responsable de la familia, la vida familiar, la salud reproductiva, las enfermedades de transmisión sexual, la infección por el VIH y la prevención del sida. Deberían establecerse programas para la prevención y tratamiento de los casos de abuso sexual e incesto, así como otros servicios de salud reproductiva (párrafo 7.47 del Plan de Acción de la Conferencia Internacional de Población y Desarrollo de El Cairo, 1994).

El reconocimiento de los adolescentes como sujetos de derecho y el de los derechos sexuales y reproductivos en particular –en tanto un bien social– exigen la puesta en marcha de políticas y programas efectivos que enfaticen la atención integral bajo un enfoque de género y con diseños transversales y participativos de los distintos actores involucrados.

Bibliografía

Badinter, E. (1993): *XY. La identidad masculina*, Madrid, Alianza.

Bianco, M. (1998): "¿Qué servicios y para quiénes?", en *Mujeres sanas, ciudadanas libres (o el poder para decidir)*, Buenos Aires, CLADEMFEIM/FNUAP.

Bourdieu, Pierre (2000): *La dominación masculina*, Barcelona, Anagrama.

Butler, J. (1993): *Bodies that Matter: On the Discursive Limits of Sex*, Nueva York y Londres, Routledge [ed. cast.: *Cuerpos que importan*, Buenos Aires, Paidós, 2002].

Checa, Susana y M. Rosenberg (1996): *Aborto hospitalizado. Una cuestión de derechos reproductivos, un problema de salud pública*, Buenos Aires, El Cielo por Asalto.

Geldstein, Rosa y G. Infesta Domínguez (1999): "Las dos caras de la moneda: la salud reproductiva de las adolescentes en las miradas de las madres y las hijas", en *IV*

Jornadas Argentinas de Estudios de Población, Resistencia, Asociación de Estudios de Población de Argentina.

Geldstein, Rosa; Edith Pantelides y G. Infesta Domínguez (1995): *Imágenes de género y conducta reproductiva en la adolescencia*, Buenos Aires, CENEP.

Geldstein, Rosa y Edith Pantelides (2001): *Riesgo reproductivo en la adolescencia. Desigualdad social y asimetría de género*, Buenos Aires, Cuadernos del UNICEF.

Gogna, M.; M. Gutiérrez y M. Romero (2001): "Estudio de caso. Programas de salud reproductiva para adolescentes en Buenos Aires, Argentina", en M. Gogna (comp.), *Programas de salud reproductiva para adolescentes. Los casos de Buenos Aires, México DF y San Pablo*, Buenos Aires, CEDES.

Lagarde, M. (1994): "Maternidad, feminismo y democracia", en *Pensar y politizar la maternidad: un reto de fin de milenio*, México DF, Grupo de Educación Popular de Mujeres, A.C.

Lamas, Marta (1997): *El género: la construcción cultural de la diferencia sexual*, México DF, Porrúa, Programa Universitario de Estudios de Género.

López, E. y Del Carmen Tamargo (1995): "La salud de la mujer", en *Infancia y condiciones de vida*, Buenos Aires, INDEC.

Maddaleno, Matilde (2001): "Salud y desarrollo de adolescentes y jóvenes en Latinoamérica y El Caribe: Desafíos para la próxima década", *paper* presentado en el *VI Congreso Latinoamericano de Ciencias Sociales y Salud*, Lima (mimeo).

Mendieta, N. (1998): "Anticoncepción, sexualidad y vida. La historia convertida en cuerpos adolescentes", en *Avance en la investigación social en salud reproductiva y sexualidad*, Buenos Aires, AEPA, CEDES, CENEP.

Ministerio de Salud (2001): *Programa Nacional de Estadísticas de Salud. Estadísticas Vitales. Información Básica, 2000*, serie 5, nº 44, Buenos Aires.

Ministerio de Salud y Acción Social (1993): *Plan de Salud Integral del Adolescente*, Buenos Aires, Secretaría de Recursos y Programas de Salud.

——(1995): *Lineamientos normativos para la atención integral de la salud en adolescentes*, Buenos Aires, Secretaría de Programas de Salud, Subsecretaría de Atención Comunitaria, Dirección de Salud Materno-Infantil, OMS, Fundación Kellogg.

Nicholson, R. (2002): "Parejas: la libertad responsable", *Clarín*, 27 de noviembre de 2002.

OPS (1996): *La salud del adolescente y del joven*, Washington, OPS y OMS.

Quintana Sánchez, Alicia y Vásquez Del Águila, Ernesto (1997): *Construcción social de la sexualidad adolescente. Género y salud sexual*, Lima, IES.

Stern, C. y E. García (1996): "Hacia un nuevo enfoque en el campo del embarazo adolescente", *paper* presentado en el Seminario Internacional sobre Avances en Salud Reproductiva y Sexualidad, México DF, mimeo.

Szasz, Ivonne (2000): "Género y salud. Propuestas para el análisis de una relación compleja", en M. Bronfman y R. Castro (coords.), *Salud, cambio social y política. Perspectivas desde América latina*, México DF, Edamex.

CAPÍTULO 6

Reflexiones sobre la doble protección en varones adolescentes de sectores populares

Nina Zamberlin

El interés por las actitudes y las prácticas de los varones con respecto a la salud sexual y reproductiva es relativamente reciente, y la producción académica sobre este tema se concentra en la década de 1990. Hasta ese momento, la gran mayoría de las investigaciones y de las políticas y programas de salud sexual y reproductiva estuvo centrada en los comportamientos de las mujeres, excluyendo a los varones ya sea deliberadamente o por omisión. Concretamente, a partir de la IV Conferencia Internacional de Población y Desarrollo (El Cairo, 1994) y la V Conferencia Mundial de la Mujer (Beijing, 1995) se comenzó a promover el involucramiento del varón y la responsabilidad compartida entre los miembros de la pareja en lo que respecta a la salud sexual y reproductiva y la crianza de los hijos.

El nuevo interés por incluir al varón surgió a partir del reconocimiento de que sin comprender la perspectiva de los varones resulta imposible cambiar los comportamientos de riesgo que conllevan efectos negativos tanto para los varones como para las mujeres (Collumbien y Hawkes, 2000;[1] Mundigo, 1998). En este sentido, reviste particular

1. Citado por Pantelides (2001).

importancia la expansión de la epidemia del sida y el uso del condón masculino como método para evitar el contagio por vía sexual.

La doble protección se refiere a la prevención simultánea del embarazo no deseado y las enfermedades de transmisión sexual (ITS) y el VIH/sida. Se puede lograr mediante el uso del preservativo (femenino o masculino) solo o en combinación con otro método. Cuando se usa de manera constante y correcta, el preservativo masculino de látex es un eficaz método de doble protección (Pinkerton y Abramson, 1997; WHO, 2002; CDC, 2000).

Los adolescentes sexualmente activos constituyen una población con necesidades de doble protección, ya que en la adolescencia por lo general no se busca intencionalmente procrear y la vulnerabilidad a las ITS y el sida es particularmente alta.[2]

En el presente trabajo nos proponemos reflexionar acerca de los diferentes factores que inciden en el uso del preservativo masculino como método de doble protección en varones adolescentes (de 15 a 19 años). Para ello nos basamos en una investigación cualitativa realizada en 1998 (Zamberlin, 2000) que, utilizando entrevistas en profundidad y grupos focales, exploró las representaciones sociales acerca de la anticoncepción en varones heterosexuales adolescentes, jóvenes y adultos pertenecientes a sectores populares del Gran Buenos Aires.[3] El propósito de este

2. Cerca de la mitad de las personas infectadas con el VIH en todo el mundo tiene menos de 25 años y una importante proporción de los casos de sida se infectaron durante la adolescencia (WHO, 2002). Las mujeres adolescentes tienen mayor riesgo de contraer ITS que las mujeres mayores por características biológicas específicas que las hacen más vulnerables. Asimismo, la iniciación sexual temprana se asocia con un mayor número de parejas sexuales y con un mayor riesgo de contraer ITS/sida.

3. Dicha investigación fue realizada con el apoyo de la Fundación Ford.

artículo no es presentar en forma completa la investigación citada, sino más bien reflexionar acerca de algunos interrogantes que surgieron a partir de sus resultados, centrándonos en el grupo de varones adolescentes.

Género y vulnerabilidad en la adolescencia

El abordaje de género es fundamental para comprender los comportamientos ligados a la sexualidad y sus consecuencias sobre la salud de los adolescentes. Según Marta Lamas, el género se refiere a:

> [...] la simbolización que elaboran las distintas culturas acerca de las diferencias de los sexos, estableciendo normas y expectativas sobre roles específicos, así como conductas y comportamientos en función de las diferencias biológicas expresadas en el cuerpo. Mediante el proceso de constitución del género, la sociedad fabrica las ideas de lo que deben ser los hombres y las mujeres, lo que es propio de cada sexo (Lamas, 1994).

Si bien la división y la asignación de roles diferenciados para mujeres y varones parten de una diferencia biológica, son una construcción histórico-cultural que se constituye en una realidad objetiva y subjetiva que las personas elaboran y reelaboran constantemente sobre la base de sus experiencias y de los significados que provienen del lenguaje, la cultura y las relaciones sociales de las que forman parte (Szaz, 1997).

Las relaciones de género implican relaciones desiguales y de poder que dan lugar a un ordenamiento que "entraña la gradación de rasgos y actividades de modo que a los relacionados con el varón se les da normalmente mayor valor" (Benería y Roldán, 1992: 24) y se les confieren derechos sobre los relacionados con la mujer. De esta manera, el género es uno de los principios más fundamentales que organiza la sociedad y las interacciones sociales, que funciona como:

> [...] el pilar sobre el cual descansan las relaciones de poder y sumisión, el tratamiento diferencial de las personas en base a su sexo y a supuestas diferencias innatas, y la discriminación de la mujer de esferas de poder real (Raguz, 1994: 3).

La construcción de la identidad de género –entendida como el proceso a través del cual los individuos aprenden lo que significa ser hombre o mujer y los comportamientos considerados apropiados para cada sexo– en los varones requiere probar constantemente su condición de verdaderos hombres ante la amenaza de no ser vistos como tales (Badinter, 1993). La masculinidad es probada y confirmada continuamente mediante la toma de riesgo, la exposición al peligro, la demostración de poder y potencia sexual, la conquista de mujeres y principalmente mediante la continua diferenciación de lo femenino, lo que Norma Fuller (1997) llama "lo abyecto", lo que no se debe ser,[4] ya que cualquier identificación con lo femenino o la homosexualidad se presenta como un reto para la hombría.

Al igual que el género, la sexualidad es una construcción social con normas diferentes establecidas para los hombres y las mujeres (Dixon-Muller, 1993). Las personas aprenden "libretos" o "guiones" culturales acerca de con quién, dónde, cuándo y de qué modo ejercer su sexualidad (Laumann *et al.*, 1994). Estos libretos son específicos por género ya que la construcción de la sexualidad está estrechamente relacionada con las definiciones culturales de lo femenino y lo masculino. Dentro del modelo de género tradicional, la sexualidad masculina se caracteriza como naturalmente incontrolable, insaciable y agresiva. Se espe-

4. Butler (1993) elabora esta diferenciación bajo el concepto de repudio.

ra de los varones la iniciación sexual temprana, el control sobre la sexualidad femenina, la realización de proezas sexuales, la conquista de múltiples parejas y el estar "siempre dispuesto" a tener relaciones sexuales; por ello, la sexualidad masculina en este modelo se encuentra más ligada al disfrute físico que a la afectividad (Shepard, 1996). En tanto que para las mujeres las normas de género incluyen la inocencia sexual, la ignorancia, la inexperiencia, la pasividad, la procreación, la sumisión a los varones y la dedicación al cuidado de la familia y el hogar.

En marcada oposición a lo que se espera de las mujeres, la virginidad de los varones constituye un peso del cual deben desprenderse cuanto antes. Al no existir un hito físico evidente similar a la menarca de las mujeres que marque la transición entre la niñez y la madurez, la primera relación sexual es considerada el hecho marcador de la hombría y el pasaporte a la adultez. Entre los adolescentes varones existe una fuerte presión por parte del grupo de pares y también de los adultos para que prueben su virilidad teniendo relaciones sexuales, lo que muchas veces los obliga a tomar conductas de riesgo. Este modelo de sexualidad masculina no sólo conduce a que la iniciación sexual esté despojada de contenido emocional y que pueda incluir abuso sexual y violencia contra las mujeres, sino que también se contrapone con las prácticas de sexo seguro tales como la utilización del preservativo, la abstinencia sexual y las relaciones sexuales no penetrativas (Paiva, 1993; Mundigo, 1995).

Varones adolescentes: protagonistas clave para la doble protección

Los varones adolescentes son los protagonistas clave en la aplicación de la doble protección ya que ellos controlan el uso del preservativo y, de acuerdo con los roles de género, deciden cuándo tener relaciones sexuales y el modo como éstas tienen lugar, afectando de manera directa la salud de sus compañeras mujeres.

El preservativo es el método que mejor se adapta a las necesidades de la población adolescente porque es ampliamente conocido, fácilmente accesible, económico, no requiere consultar a un profesional de la salud y es el único método que brinda simultáneamente protección contra el embarazo y las ITS, incluyendo el sida. Las mujeres disponen de métodos para poder prevenir el embarazo sin tener que contar con el acuerdo del varón. Sin embargo, para prevenir las ITS/sida necesitan el consentimiento y la acción del varón[5] (Campbell, 1995). El uso del preservativo implica cuestionar marcadas relaciones de poder, lo cual a muchas mujeres les resulta sumamente difícil. Asimismo, las mujeres que llevan consigo preservativos o proponen activamente su uso pueden ser estigmatizadas como mujeres "rápidas" y "sexualmente disponibles" (Paiva, 1993). En lo que respecta a las adolescentes, el acceso a los demás métodos anticonceptivos, como los anticonceptivos orales, es más limitado en comparación con el preservativo debido a que implica un contacto con los servicios de salud y, por lo tanto, ellas también dependen en gran medida de que el varón esté dispuesto a utilizar el preservativo o el coito interrumpido para evitar el embarazo.

El uso del preservativo como método de doble protección está condicionado por una serie de factores que incluyen el conocimiento de las posibles consecuencias de la actividad sexual, la percepción del doble riesgo, la accesibilidad a los métodos anticonceptivos, la aceptabilidad del preservativo y el nivel de comunicación con la pareja. La investigación que tomamos como base para este trabajo in-

5. El preservativo femenino aún no está difundido en la Argentina y, por lo tanto, no constituye una opción de doble protección accesible para las mujeres.

dagó acerca de estos factores. A continuación sintetizaremos algunos de sus resultados.

En primer lugar, cabe destacar que todos los varones abordados en el estudio se habían iniciado sexualmente entre los 14 y los 16 años.[6] Si bien existen diferencias en la profundidad y la calidad del conocimiento, los adolescentes en general saben que la actividad sexual puede conducir a un embarazo y también identifican las relaciones heterosexuales como una vía de contagio del VIH. Poseen nociones sumamente confusas acerca del ciclo menstrual y el momento en que una mujer puede quedar embarazada, con una marcada influencia de mitos y conceptos equivocados que comparten con los varones de mayor edad, como la creencia de que una mujer no puede quedar embarazada en su primera relación sexual.

> *No, la primera vez nunca puede quedar embarazada, no creo, dicen que no, que sólo derrama sangre* (grupo focal de adolescentes).

La principal fuente de información sobre cuestiones ligadas a la sexualidad es el grupo de pares y, en segundo lugar, los medios de comunicación, mientras que el rol de la familia y la escuela es casi nulo.

> *Estás parado en una esquina y vos ves, escuchás las pavadas que habla cada uno y te pones a pensar... en la calle siempre hay uno que sabe más que el otro y vas escuchando, así andando en la calle siempre aprendés* (Facundo, 17 años).

> *Hay quienes tratan de copiar lo que ven en las películas o en las novelas, quieren hacer lo mismo. Así se aprende* (grupo focal de adolescentes).

6. Diversos estudios señalan edades promedio de iniciación sexual en varones que oscilan entre los 14,6 y los 15,6 años (Geldstein, Pantelides e Infesta Domínguez, 1995; Geldstein y Schufer, 2002).

En cuanto a la comunicación con la pareja sobre la salud sexual y los cuidados preventivos, los adolescentes entrevistados en general no conversan abierta y claramente con sus parejas para decidir entre ambos qué conductas seguir. Es frecuente que con la pareja estable el tema se trate recién a partir de un atraso menstrual o de la sospecha o confirmación de un embarazo, mientras que con las parejas ocasionales directamente el tema se obvia por completo, ya que los varones suponen que las mujeres que se prestan a tener relaciones informales son "vivas" y saben cómo cuidarse.

> *Las chicas que van un día con uno y otro día con otro son vivas, no se van a embarazar; toman pastillas... ellas saben... no hace falta que les digas* (Nacho, 19 años).

En una investigación que exploró las representaciones de los varones adolescentes acerca de la responsabilidad que cada miembro de la pareja tiene en relación con la prevención de embarazos no deseados y ITS/sida, Infesta Domínguez (1996) señala que la mayoría de los entrevistados está de acuerdo con que el cuidado es una la responsabilidad de ambos miembros de la pareja. Sin embargo, el hecho de que la responsabilidad fuera compartida no significaba que ambos miembros de la pareja debían usar un método anticonceptivo, sino más bien que ambos debían interesarse en el tema y tomar una decisión de manera conjunta.

El preservativo es el método anticonceptivo más mencionado por los adolescentes varones y les resulta un método fácilmente accesible. Los entrevistados saben dónde conseguirlos y conocen las diferentes marcas, presentaciones y precios, y no manifiestan ningún tipo de vergüenza en comprarlos o solicitarlos.

> *Yo no tengo ningún problema en ir a una estación de servicio a comprar un forro* (Darío, 17 años).

La cajita que trae cuatro sale un peso, se consiguen en cualquier kiosco... (Facundo, 17 años).

Están a un peso con cincuenta o un peso, la cajita que trae tres; los Tulipanes que son buenos están a dos con cincuenta o dos con setenta y traen dos. Hay otras marcas que están a un peso pero no sirven para nada... son muy finitos... (Pancho, 17 años).

Sin embargo, su uso es poco frecuente y errático. Si bien lo califican como uno de los mejores MAC por su eficacia, bajo costo, fácil acceso, control masculino y protección simultánea contra el embarazo no deseado y las ITS/sida, a la hora de utilizarlo lo rechazan por incómodo, antinatural y principalmente porque consideran que interfiere con la dinámica de la relación sexual, disminuye la sensibilidad y el placer.

[usar preservativo] mucho placer no causa, es como que lo disminuye [...] Es que por ahí uno está re-transando, re-copado, qué sé yo, y por ahí "¡uh! pará que me tengo que poner el preservativo", es como que te corta un poco el mambo (Julián, 18 años).

No es lo mismo, no se siente nada, es como que tenés algo en el medio que te separa y no te deja sentir nada (Marcos, 19 años).

Yo no lo usé nunca ni lo voy a usar, dicen que es una porquería, que no se siente nada (Fabián, 18 años).

A pesar de que el preservativo es percibido como un método anticonceptivo eficaz, se lo utiliza casi exclusivamente como una estrategia de autocuidado para prevenir el contagio de las ITS/sida[7] en las situaciones donde se sospecha la posibilidad de infección.

7. Si bien mencionan otras enfermedades de transmisión sexual como la sífilis o lo que ellos llaman "pudrición", les asignan menor importancia que al VIH/sida.

Si es una desconocida, el embarazo no importa mucho, pero hay que cuidarse, porque ahí el que se está arriesgando es el hombre (grupo focal de adolescentes).

Por una parte es incómodo, no tenés el mismo placer que sin preservativo [...] pero si es que no la conozco a la chica lo usaría, me sacaría mis mañas (Tino, 17 años).

Los distintos tipos de vínculo que los varones establecen con las mujeres con las que mantienen relaciones sexuales se traducen en diferentes niveles de compromiso no sólo en términos afectivos sino también con respecto a la preocupación por la salud de la mujer y las conductas anticonceptivas y de prevención de ITS/sida. Asimismo, el uso del preservativo está estrechamente relacionado con el tipo de vínculo entre la pareja, el nivel de confianza y la duración de la relación. Conocer a la mujer y desde hace cuánto tiempo son factores que inciden en la decisión de utilizar o no el preservativo, siendo más común utilizarlo en las relaciones con mujeres desconocidas o mujeres "marcadas" con las que creen que existe el riesgo de contraer una ITS o el VIH/sida. Conocer a la mujer no necesariamente implica indagar acerca de su pasado o historia sexual sino que se trata más bien de tener alguna referencia de ella a partir de lo que se dice, por ejemplo, en el barrio. Esta información se considera suficiente para juzgar si la mujer presenta o no un riesgo.

El profiláctico se usa cuando no conocés a la chica, que ves que es media... que estuvo con muchos chicos... le desconfiás para no tener enfermedades, todo eso, pero después si conocés una chica bien, sin tener relaciones por un mes como hago yo, la conozco bien, al mes que la conozco recién después empiezo a tener relaciones... [El preservativo] lo uso cuando no la conozco a la chica y no lo uso cuando la conozco (Darío, 17 años).

Sin cuidarte podés hacerlo con tu pareja que vos sabés que siempre vas a estar con ella. Cuidándote [con preservativo] es con una chica, algo que pasa una ocasión (Julián, 17 años).

Me acosté con chicas pero cuidándome en ese sentido, iba a bailar, todo eso y conocía a una chica y por ahí pasaba la ocasión y no quedaba otra que usar preservativo. Yo no tenía drama de parar en la estación de servicio o en un kiosco y comprarme un forro para no perjudicarme yo, ni a mi pareja estable que tenía después (Tino, 17 años).

[El preservativo] es para usarlo con otras mujeres que no sea tu pareja... para cuidarte del sida y otras enfermedades... No me preocuparía tanto si no tengo un forro para ponerme para estar, por ejemplo, con mi novia y me preocuparía si es que te levantás a alguien en la calle y si la tenés que llevar y no tenés forro ahí eso te caminaría más la cabeza... si voy a hacer el amor con otra mujer que no es la que esté conmigo constantemente sí lo usaría... (Marcos, 19 años).

En las parejas estables, por considerarse libres de riesgo de ITS/sida, el uso del preservativo es aún menos frecuente y puede generar desconfianza. Las parejas que utilizan preservativos en sus primeros encuentros sexuales lo abandonan a medida que transcurre el tiempo y desaparece la sospecha de contagio de ITS/sida. Entre el momento del abandono del preservativo y la adopción de un método femenino –por lo general anticonceptivos orales– suele haber un período en el cual no se aplican conductas preventivas de manera consistente y se alterna el coito interrumpido con las relaciones desprotegidas, lo cual conduce a la ocurrencia de embarazos no planeados. Cabe destacar que la adopción de un método anticonceptivo de uso femenino se da por lo general después del primer embarazo.

A veces nos cuidamos, usamos profiláctico pero a veces no... ponele esta semana no usamos, la otra sí, la otra capaz que no, la otra sí... ella me dice que acabe afuera, que use profiláctico, a veces no... (Daniel, 17 años).

Yo la primera vez que tuve relaciones con ella le dije vamos a ir a un hospital así te dan pastillas pero ella no quiso, me decía "bueno, mañana yo le digo a mi mamá y va a ir mi mamá también" y así me tuvo hasta que quedó embarazada (Tino, 17 años).

> *No nos cuidamos hasta que ella quedó embarazada, después de eso recién nos empezamos a cuidar. Ella me decía "usá preservativo", pero viste, cuando te lo dicen usá, usá y si no usás es lo mismo, y como ella me decía, así, 'usá preservativo' y como igual lo seguíamos haciendo, a mí me daba lo mismo* (Emilio, 18 años).

Algunos varones utilizan el preservativo con fines anticonceptivos, pero en general lo hacen porque desconfían que la mujer se cuide y prefieren tener ellos el control del método, evitando de esa manera posibles "reclamos" posteriores de mujeres que puedan quedar embarazadas intencionalmente para "atraparlos" y forzarlos a formalizar una unión, o que pretendan hacerlos responsables de la paternidad de un hijo que no sea propio.

> *Prefiero cuidarme yo antes de que me digan "mirá yo me cuido", es más seguro. Es como si me dicen "no, pará, yo me cuido, yo tomo la pastilla". Yo no sé si es así, no la veo todos los días a la mina y qué voy a saber si toma pastillas o no toma pastillas* (Facundo, 17 años).

> *Uno se cuida [porque] de repente [ella] está con otro y después te meten el perro a vos diciendo que [el hijo] es tuyo y es todo mentira porque vos te cuidaste...* (grupo focal de adolescentes).

A pesar de reconocer que el preservativo es la única forma de evitar el contagio de las ITS/sida y de afirmar que lo utilizan –aunque les disguste– en las relaciones sexuales que ellos consideran de riesgo, los varones adolescentes también admiten que esto no se da en todos los casos. Este proceder, del cual muchos de ellos son conscientes, se relaciona con la imagen de la sexualidad masculina como incontrolable y su necesidad de nunca desperdiciar la ocasión de tener un encuentro sexual priorizando la búsqueda de gratificación sexual inmediata por sobre la percepción de riesgo. Algunos varones que reconocen haberse expuesto conscientemente al contagio del VIH/sida manifiestan sentimientos de angustia e incertidumbre luego de la relación sexual.

Si bien el riesgo que se percibe más claramente es el de embarazo, en general los varones entrevistados expresan una mayor preocupación por el posible contagio del sida que por dejar embarazadas a sus parejas y esto se ve reflejado en sus comportamientos preventivos. El sida es visto como una enfermedad irreversible y fatal que afecta el propio cuerpo, a diferencia del embarazo que, si bien los obliga a posicionarse en el rol de padres proveedores para el cual no se sienten aún preparados y pone fin a su "libertad de solteros", genera una preocupación menor ya que la paternidad es un rol al que mal o bien se pueden adaptar. Asimismo, el embarazo adolescente es un hecho sumamente frecuente en su entorno cercano y se presenta como una situación normal que forma parte de la cotidianidad. Finalmente, a diferencia del sida que se asocia directamente con la muerte, el embarazo tiene que ver con la gestación de una vida nueva y sirve para confirmar el poder fecundante del varón y reafirmar su hombría.

Numerosas investigaciones, al igual que la nuestra, reportan el rechazo del preservativo por parte de los varones, y en algunos casos también por parte de las mujeres, ya sea por la interferencia del preservativo con el placer o porque en el marco de una relación estable se interpreta como un signo de desconfianza, enfermedad o promiscuidad. Sin embargo, hay que reconocer, como señalan Gogna *et al.* (1997), que tanto entre varones como entre mujeres también existen actitudes disidentes que aprueban o demandan el uso del preservativo.[9]

9. En el año 2001, Geldstein y Schufer realizaron una encuesta a una muestra de 840 varones de 20 a 29 años residentes en la Ciudad de Buenos Aires y el conurbano que muestra que dos de cada tres jóvenes tuvieron una relación sexual protegida y que, entre quienes se cuidaron, la enorme mayoría utilizó el preservativo.

Brechas en la doble protección

A partir de la síntesis de los resultados señalados se desprende, en primer lugar, que el riesgo que se percibe más claramente es el embarazo, mientras que el riesgo de ITS/sida se relativiza de acuerdo con el tipo de pareja. En segundo lugar, los testimonios muestran que, a pesar de que el conocimiento de la doble protección que brinda el preservativo es universal, éste se utiliza principalmente como método para prevenir el contagio de ITS/sida y secundariamente como anticonceptivo.

Los datos muestran la existencia de dos grandes brechas que dificultan el uso del preservativo como método de doble protección. Por un lado, en general no se utiliza con parejas consideradas "seguras", las que no representan amenaza de contagio de ITS/sida y, al no adoptarse de manera consistente otros métodos anticonceptivos, existe una gran exposición a los embarazos imprevistos. Si bien se quiere prevenir el embarazo, el preservativo no se usa por motivos relacionados a la incomodidad y la disminución del placer, aunque tampoco se adoptan otros métodos en forma regular. Consecuentemente, las relaciones estables o de noviazgo entre adolescentes son las situaciones de mayor desprotección.

Por otro lado, como señalamos anteriormente, en las relaciones ocasionales los varones suelen desentenderse de la anticoncepción suponiendo que la mujer se cuidará por cuenta propia. Al mismo tiempo, falla también la percepción de riesgo de ITS/sida porque equiparan "conocer a la mujer" con estar protegido y ubican el riesgo en los casos más extremos, como las mujeres usuarias de drogas o las trabajadoras sexuales. Por lo tanto, podríamos afirmar que, ya sea en las relaciones estables o las informales, los entrevistados rara vez ven la necesidad de que ellos mismos actúen para prevenir el embarazo y las ITS/sida conjuntamente. Si bien cuando se utiliza el preservativo se cumplen ambas funciones, en el imaginario de los adolescentes entrevistados éstas aparecen disociadas y la elección del método se basa principalmente en su función profiláctica, estando su uso más relacionado con una estrategia de autocuidado personal frente a las ITS/sida. Esta situación es particularmente preocupante ya que, por las características de la actividad sexual en esta etapa vital, los adolescentes son altamente vulnerables al doble riesgo.

Los servicios de salud

Si bien la salud reproductiva incluye prevenir no sólo el embarazo involuntario sino las ITS y el sida, tradicionalmente tanto los servicios como las investigaciones sobre salud sexual y reproductiva han abordado la anticoncepción y la prevención de ITS/sida de manera separada. Los servicios de planificación familiar han estado destinados principalmente a las mujeres sin tener en cuenta su riesgo frente a las ITS/sida, mientras que la prevención y el tratamiento de ITS/sida han estado dirigidas mayoritariamente a la población masculina, sin tomar en consideración sus necesidades de anticoncepción (Berer, 1997; O'Reilly, Dehne y Snow, 1999). Esta diferenciación evidencia la ausencia de un abordaje integral de la salud reproductiva y la existencia de lógicas estereotipadas en los programas y servicios que definen cuál es el riesgo para cada sexo.

La prevención del embarazo se ha centrado en las mujeres y de esa forma no sólo se ignora el rol de los varones en las decisiones sexuales, sino que también se refuerza el estereotipo de que las mujeres son las responsables de cuidarse. Esto ha servido para perpetuar los roles de género tradicionales y liberar a los varones de asumir la responsabilidad por su propia salud y la de sus parejas.

Los servicios de planificación familiar priorizan y prefieren los métodos anticonceptivos de alta eficacia como los anticonceptivos hormonales o el DIU, que son de uso femenino, desestimando al preservativo por presentar mayores tasas de falla (Berer, 1997). Si bien no hay duda de que la tasa de falla de los métodos de barrera es mayor que la de los métodos hormonales y el DIU, el principal motivo de falla del preservativo se debe a que no se lo utiliza de manera consistente en todas las relaciones o se lo utiliza incorrectamente[10] (Ritchers, 1994). Por otro lado, los servicios específicos para adolescentes atienden mayoritariamente a mujeres y no aplican una política activa de promoción del preservativo como segundo método. Los equipos de salud reconocen las dificultades de las adolescentes para utilizar correctamente un anticonceptivo y creen que sería aún más difícil esperar que utilicen dos métodos (Gutiérrez *et al.*, 2001; Population Reports, 2001).

Conclusiones y recomendaciones

Una estrategia de doble protección implica concentrarse tanto en hombres como en mujeres atendiendo por igual sus necesidades de prevención de enfermedades y prevención de embarazos no deseados. La doble protección deber ser "doble" en el sentido de que se busca evitar *dos* efectos indeseados y proteger a *ambas* partes en la relación sexual. La educación sexual dirigida a los adolescentes y jóvenes debe enfatizar la responsabilidad compartida, incentivar el diálogo y la comunicación con la pareja y resaltar el valor del cuidado mutuo.

Los servicios de salud reproductiva deberían aceptar el preservativo como un anticonceptivo efectivo y orientar sobre la anticoncepción de emergencia en caso de rotura o falla. Los equipos de salud deberían estar capacitados para

10. Un estudio señala que 9 % de los usuarios de preservativos son responsables del 50 % de las fallas (MAQ Exchange, 2002).

brindar información sobre cómo utilizar correctamente el preservativo haciendo hincapié en la necesidad de usarlo en todas las relaciones sexuales. Si es posible, se deberían entregar preservativos de manera gratuita en los servicios y habilitar otros espacios (educativos, recreativos, etcétera) donde los adolescentes puedan obtenerlos gratuitamente. Los mensajes de prevención dirigidos a la población adolescente deberían siempre combinar la prevención del embarazo con la prevención de ITS/sida, e incluir a todas las ITS, ya que la presencia de éstas aumenta notablemente la posibilidad de contagio de VIH. Asimismo, los formuladores de políticas deben reconocer a los adolescentes como una población de gran heterogeneidad, cuyas características y conductas varían de acuerdo con la edad, el estado civil y el contexto sociocultural, de manera tal que sus habilidades y respuestas frente a la prevención del embarazo no deseado y de las ITS/sida pueden ser muy diferentes.

Resulta claro que las actitudes y los comportamientos respecto del uso del preservativo sólo cambiarán si también cambian las normas sociales y los mandatos de género que requieren que los varones prueben continuamente su masculinidad mediante la toma de riesgo y la demostración del deseo sexual, incontrolable. La transformación de los roles de género beneficiaría tanto a varones como a mujeres en el logro de la salud sexual posibilitando que las mujeres puedan aplicar, negociar y exigir conductas responsables para prevenir ITS y embarazos no deseados y que los varones no se deban ajustar al molde tradicional de probar su hombría a toda costa sino que puedan cuestionar los estereotipos masculinos negativos y que sean más cuidadosos de su salud y la de sus parejas.

Gran parte del trabajo pendiente en la promoción de la salud sexual y reproductiva de los adolescentes y jóvenes consiste en hacer que el preservativo sea social y culturalmente aceptado en todo tipo de relaciones de pareja. Cambiar las percepciones negativas que rodean al preservativo ayudaría sin duda a aumentar su utilización. Si éste se percibiera no sólo como una forma de evitar las ITS/sida, facilitaría la negociación de su uso dentro de las parejas estables. También es necesario desarrollar otros métodos que brinden doble protección para que las parejas tengan más opciones entre las cuales elegir, y promover y hacer accesible el condón femenino.

Por último, la doble protección es uno de los primeros pasos para integrar los servicios de planificación familiar con la prevención y el tratamiento de ITS/sida y lograr un abordaje más completo e integrador de la salud reproductiva.

Bibliografía

Badinter, E. (1993): *XY. La identidad masculina*, Madrid, Alianza.

Benería, L. y M. Roldán (1992): *Las encrucijadas de clase y género: trabajo a domicilio, subcontratación y dinámica de la unidad doméstica en la ciudad de México*, México DF, El Colegio de México, FCE.

Berer, M. (1997): "Dual protection: Making sex safer for women", en S. Ravindran, M. Berer y J. Cottingham (comps.), *Beyond Acceptability: Users' Perspectives on Contraception*, Londres, nº especial de *Reproductive Health Matters/WHO*.

Butler, J. (1993): *Bodies that Matter. On the Discursive Limits of Sex*, Nueva York y Londres, Routledge.

Campbell, C. (1995): "Male gender roles and sexuality: implications for women's risk and prevention", *Social Science and Medicine*, vol. 41, nº 2, págs. 197-210.

CDC (US Centers for Disease Control and Prevention): "Fact sheet for public health personnel: Male latex condoms and sexually transmited diseases". Disponible en: www.cdc.gov/hiv/pubs/facts/condoms.pdf)

Collumbien, M. y Hawkes, S. (2000): "Missing men's messages: does the reproductive health approach respond to men's sexual health needs", en *Culture, Health and Sexuality*, 2 (2): 135-150.

Dixon-Muller, R. (1993): "The sexuality connection in reproductive health", *Studies in Family Planning*, nº 24 (5), 1993, 269-282.

Fuller, Norma (1997): *Identidades masculinas*, Lima, Pontificia Universidad Católica del Perú.

Gutiérrez, A. M.; M. Gogna, M. Romero, D. Szulik y Nina Zamberlin (2001): "Programas de salud reproductiva para adolescentes en Buenos Aires, Argentina", en M. Gogna (comp.), *Programas de salud reproductiva para adolescentes. Los casos de Buenos Aires, México DF y San Pablo*, Buenos Aires, Consorcio Latinoamericano de Programas en Salud Reproductiva y Sexualidad.

Gogna, M.; Edith Pantelides y S. Ramos (1997): *Las enfermedades de transmisión sexual: género, salud y sexualidad*, Buenos Aires, Cuadernos del CENEP, nº 52.

Geldstein, Rosa y Schuffer, M. (2002): *Iniciación sexual y después... Prácticas e ideas de los varones jóvenes de Buenos Aires*, Buenos Aires, CENEP.

Infesta Domínguez, G. (1996): "Salud reproductiva y sexualidad: una visión desde la perspectiva del varón adolescente", en CENEP/CEDES/AEPA, *Segundo taller de investigaciones sociales en salud reproductiva y sexualidad*, Buenos Aires, 6 y 7 de mayo de 1996.

Lamas, Marta (1994): "Cuerpo, diferencia sexual y género", *Debate Feminista*, vol. 10, año V.

Laumman, E. *et al.*, (1994): *The Social Organization of Sexuality. Sexual Practices in the United States*, Chicago, University of Chicago Press.

Mundigo, Axel (1995): "Men's roles, sexuality, and reproductive health", en *International Lecture Series on Population Issues*, MacArtur Foundation.

——(1998): *Reconceptualicing the role of men in the post-Cairo era*, IUSSP Committee on Gender and Population/ CENEP, Seminar on Men, Family Formation and Reproduction.

O'Reilly, Kevin; K. Dehne y R. Snow (1999): "Should management of sexually transmitted infections be integrated into family planning services: evidence and challenges", *Reproductive Health Matters*, vol. 7, nº 14, noviembre de 1999.

Paiva, V. (1993): "Sexuality, condom use and gender norms among Brazilian teenagers", *Reproductive Health Matters*, nº 2, págs. 98-109.

Pantelides, Edith (2001): "Male involvement in prevention of pregnancy and HIV. Results from research in four Latin American cities", *paper* presentado en la reunión Programming for Male Involvement in Reproductive Health, WHO, Regional Reproductive Health Advisers, PAHO, Washington, 5-7 de septiembre de 2001 (mimeo).

Geldstein, Rosa; Edith Pantelides y G. Infesta Domínguez (1995): *Imágenes de género y conducta reproductiva en la adolescencia*, Buenos Aires, Cuadernos del CENEP, nº 51.

Pinkerton, S. D. y P. R. Abramson (1997): "Effectiveness of condoms in preventing HIV transmission", *Social Science and Medicine*, nº 44, año 9, págs. 1303-1312.

Population Reports, Vol. XXIX, Número 3, Fall 2001 Youth and HIV/AIDS. Can we avoid the catastrophe? Population Information Program, Center for Communication Programs, The Johns Hopkins University, Estados Unidos.

Raguz, M. (1994): "Aportes de género a la salud sexual y reproductiva de los adolescentes", ponencia presentada en la reunión de FELASSA, México DF (mimeo).

Ritchers, J. (1994): "Researching condoms: the laboratory and the bedroom", *Reproductive Health Matters*, nº 3, mayo, págs. 55-62.

Shepard, B. (1996): "La masculinidad y el rol masculino en la salud sexual", en *Salud reproductiva, nuevos desafíos*, Curso Internacional de Salud Reproductiva y Sociedad, Lima, Universidad Peruana Cayetano Heredia.

Szaz, Ivonne (1997): "Género y salud: propuestas para el análisis de una relación compleja", en M. Bronfman y R. Castro (coords.), *Salud, cambio social y política. Perspectivas desde América latina*, México DF, Edamex.

WHO (2002): *HIV/AIDS. The Global Epidemic. Weekly Epidemiological Record*, Ginebra.

Zamberlin, Nina (2000): "La otra mitad: un estudio sobre la participación masculina en el control de la fecundidad", en M. Gogna (comp.), *Feminidades y masculinidades*, Buenos Aires, CEDES.